現代商学

商業・流通の課題と戦略

Nishida Yasuyoshi 西田安慶
Shirota Yoshitaka 城田吉孝 ［編著］

税務経理協会

はしがき

　わが国の商業・流通は，かつてない変革の時代を迎えている。その背景には，グローバル化・情報化の進展や少子高齢社会の到来など様々な要因がある。商業・流通の役割は，生産と消費の隔たりを架橋することにあるが，この活動なくしては生産活動が成り立たないばかりでなく，私たちの消費生活を維持することもできない。そこで，本書は種々の視点にたって商業・流通の変化を把えることとした。

　「流通革命」が叫ばれ，流通に大きな関心が寄せられたのは，1960年代初頭のことである。この時代は高度成長の初期であり，大量生産体制が進み大量販売体制の確立が急がれた時期である。その要請に対応してスーパーマーケットが急成長を遂げ，同時に大規模生産者の流通過程への介入も進んでいった。その後，スーパーマーケットの一部は総合スーパーへ業態転換し，新しい道を歩んできたのである。1980年代以降，凄まじい勢いで業態開発競争が展開されてきた。小売業の発展過程をみると，飛躍的に発展した時期には必ず新しい小売業態が出現している。そして新旧の異業態間で競争が始まるのである。異業態間で優位に立った小売業態が，それぞれの時期の主導的小売企業群を形成することとなる。今日最も注目すべき小売業態は，コンビニエンス・ストアである。コンビニエンス・ストアは空間的便宜性に加えて時間的便宜性を提供し，特に若い世代のニーズに巧みに対応し，成長を続けている。また，大手総合スーパーをキーテナントとするショッピングセンターも注目すべき存在である。今後は，インターネットの普及や大手外資系流通業の進出がわが国の商業・流通に大きな変革を迫ることになると思われる。いま，独立小売商からなる伝統的な商店街の衰退が多くの人々の関心を集めている。そのことが卸売業の経営に影響をもたらしている。

　本書は前述の視点に立って，商業・流通に関わる歴史の流れを概観し，その

基本的な性格と役割について解説するとともに，課題と戦略を明らかにすることを主眼としている。

本書は 6 つの章で構成されている。

第 1 章「小売機構と小売経営」（西田安慶）では，小売業の概念と機能，わが国における小売業の展開など小売業に関する基本事項について解説した上で，小売業態・経営形態の特質と発展戦略について述べた。

第 2 章「卸売業と卸売機構」（城田吉孝）では，卸売業の機能と存在意義，卸売業の分類，主たる卸売機関などについて解説した上で，卸売業の現状と課題について述べた。

第 3 章「商的流通」（片山富弘）では，流通チャネル，マーケティングに関する基本理論を解説した上で，マーケティングンの新しい展開について述べた。

第 4 章「物的流通」（伊藤万知子）では，物的流通の概念，物流を構成する諸活動，物流の効率化について解説したほか，ロジスティクスとサプライチェーンマネジメントについても述べた。

第 5 章「流通情報システム」（西脇隆二）では，流通業における情報システム化・情報ネットワーク化，小売業における顧客情報システムなどについて解説した上で，卸売業における情報システム活用の現況と課題について述べた。

第 6 章「わが国における商業の新展開」（日野隆生）では，ＩＴ社会におけるe-コマースの動向，e-コマースと流通システムなどについて解説したほか，小売商業とまちづくりについて最新の動向を踏まえて述べた。

本書は，商業・流通にかかわる理論を分かりやすく解説するとともに，課題と戦略を明らかにしたものである。執筆者は全員が大学で商学総論を担当しており，各自の研究成果を展開したものである。本書は，商学総論や商学通論を初めて学ぶ学生を主な対象としているが，ビジネスの社会でこれから活躍しようとしている新入社員の方々にとっても役立つ入門書であると考えている。ご活用頂き，商業・流通問題に興味，関心をもって下されば幸いである。なお，執筆に当り内外の学者の著書・文献等を参考・引用させて頂き感謝申し上げたい。

はしがき

　最後に，本書の出版に際して，多大なご理解とご尽力をいただいた税務経理協会書籍企画部長峯村英治氏と書籍製作部武田　力氏に厚くお礼申し上げたい。また，東海学園大学大学院経営学研究科（修士課程，社会人コース）修了の河田肇雄，在学中の樹神睦明，伊藤優子の諸氏には整理の段階で煩雑な作業を引き受けて頂き心から感謝申し上げる。

　　2003年9月1日

　　　　　　　　　　　　　　　　　　　　　　　著者代表
　　　　　　　　　　　　　　　　　　　　　　　　西　田　安　慶

目　　次

はしがき

第1章　小売機構と小売経営 …………………………………… 1

第1節　小売業の概念と機能 ………………………………… 1
　1　小売業の概念 ……………………………………………… 1
　2　小売業の機能 ……………………………………………… 2

第2節　わが国における小売業の展開 ……………………… 3
　1　小売業の展開過程 ………………………………………… 4
　2　小売業をめぐる諸問題 …………………………………… 5
　3　小売業の新展開 …………………………………………… 7

第3節　小売業態の特質と発展戦略 ………………………… 8
　1　百　貨　店 ………………………………………………… 9
　2　スーパーマーケット ……………………………………… 12
　3　総合スーパー ……………………………………………… 13
　4　ディスカウント・ストア ………………………………… 15
　5　コンビニエンス・ストア ………………………………… 16
　6　その他の小売業態 ………………………………………… 23

第4節　小売業の経営形態 …………………………………… 24
　1　小売業の経営形態上の分類 ……………………………… 24
　2　チェーン・ストア ………………………………………… 25
　3　ボランタリー・チェーン ………………………………… 26
　4　フランチャイズ・チェーン ……………………………… 27

第2章　卸売業と卸売機構 ……………………………………………… 31

第1節　卸売業の概念と卸売機構 ……………………………… 31
1　卸売業の概念 ……………………………………………… 31
2　卸売機構の意味 …………………………………………… 35

第2節　卸売業の機能と存在意義 ……………………………… 35
1　卸売業の機能 ……………………………………………… 35
2　卸売業の存在意義 ………………………………………… 37

第3節　卸売業の分類と特徴 …………………………………… 39
1　卸売業の分類とその内容 ………………………………… 39
2　卸売業の特徴 ……………………………………………… 44

第4節　主な卸売機関 …………………………………………… 46
1　卸　売　市　場 …………………………………………… 46
2　特　　約　　店 …………………………………………… 48
3　販　売　会　社 …………………………………………… 49
4　販売代理店 ………………………………………………… 50
5　商　　　　　社 …………………………………………… 50
6　製　　造　　卸 …………………………………………… 51
7　現金払い持ち帰り制卸：現金問屋 ……………………… 51
8　卸商業団地と卸センター ………………………………… 52
9　商品取引所 ………………………………………………… 52

第5節　卸売業の現状と課題 …………………………………… 55

第3章　商的流通 ………………………………………………………… 63

第1節　流通チャネル―マネジメントからの視点― ……………… 63
1　流通チャネルの役割 ……………………………………… 63
2　流通チャネルの事例 ……………………………………… 64

3	流通チャネルの構築とチャネル政策の類型	67
4	メーカ主導型流通システム	72
5	小売主導型流通システム	73
6	流通チャネル・モードの変化	78

第2節 マーケティング……78

1 マーケティングとは……78
2 マーケティング戦略……82
3 マーケティングの新しい展開……93

第4章 物的流通……97

第1節 物的流通の概念……97

1 物的流通の定義……97
2 物流の領域……99

第2節 物流を構成する諸活動……101

1 輸　　送……101
2 保　　管……106
3 荷　　役……107
4 包　　装……107
5 流 通 加 工……108
6 物 流 情 報……109

第3節 物流の効率化……109

1 輸　　送……110
2 保　　管……111
3 荷　　役……112
4 包　　装……112
5 流 通 加 工……112

6　物流情報……………………………………………………113
　第4節　ロジスティクスとサプライチェーンマネジメント……113
　　　1　物流からロジスティクスへ………………………………113
　　　2　ロジスティクスとサプライチェーンマネジメント………115
　　　3　これからの物流の課題……………………………………117

第5章　流通情報システム……………………………………121

　第1節　流通情報化の現代的意義……………………………121
　第2節　流通業におる情報システム化・情報ネット
　　　　　ワーク化………………………………………………123
　　　1　流通業における情報システム化・情報ネットワーク化の意義……123
　　　2　情報システム化の発展……………………………………125
　　　3　情報ネットワーク化の発展………………………………131
　第3節　小売業における顧客情報システムの活用……………136
　　　1　顧客情報システムの意義…………………………………136
　　　2　ポイントカードシステムの意義と利用方法……………137
　第4節　卸売業における情報システム活用……………………140
　　　1　卸売業の現況と課題………………………………………140
　　　2　リテイルサポートと情報システム活用…………………141

第6章　わが国における商業の新展開………………………147

　第1節　IT社会におけるe-コマース…………………………147
　　　1　e-コマースの動向…………………………………………147
　　　2　e-コマースの概念…………………………………………153
　　　3　e-コマースと流通システム………………………………155
　第2節　小売商業とまちづくりの新展開………………………158

目　次

1　中心市街地活性化法……………………………………………159
2　Ｔ　Ｍ　Ｏ………………………………………………………166
3　中心市街地活性化法にみるまちづくりのコンセプト…………170

索　引……………………………………………………………………173

現代商学

商業・流通の課題と戦略

西田　安慶
城田　吉孝　編著

第1章　小売機構と小売経営

第1節　小売業の概念と機能

1　小売業の概念

　「小売業とは何か」を的確に区分することはなかなか困難である。一般的に，小売業というと百貨店，総合スーパー，コンビニエンス・ストアなどを思い浮かべることが多い。もともと「小売」という言葉は小口の量，つまり少量のものを販売することを意味している。しかし，ここでいう小売とは，そのような意味にとどまるものではない。

　AMA（アメリカ・マーケティング協会）の定義によると，「小売業とは最終消費者への直接販売に伴う諸活動である」となっている。AMAがいう諸活動とは，仕入業務，価格設定，在庫維持，陳列，広告，販売促進（狭義）など最終消費者に対する販売活動に結びつく総合的な活動を指している。つまり，小売（retail）とは最終消費者に消費財を直接販売する行為を指し，この小売行為を専門に行うことを業としている商業者を，一般に小売業あるいは小売業者（retailer）と呼んでいる。したがって，最終消費者にときどき商品などを販売している卸売業者ならびに生産者は，小売業とはされない。また，生産者によ

る訪問販売や通信販売が最終消費者を対象として行われる場合，その行為は小売行為であり，小売活動である。しかし，その場合の生産者を一般的には小売業とは呼ばない。

2　小売業の機能

小売業の機能（役割）は商品流通の媒介にあるが，直接消費に接して，次のようなさまざまなベネフィットを提供するところにある。

(1) マーチャンダイジング機能

マーチャンダイジング機能はプロの購買代理者として，消費者がどのような商品をもとめているかを把握し，消費者に代わって商品を探索し，品揃えを行う機能である。つまり，マーチャンダイジングとは，自店の客層の嗜好や見込客のニーズを先取りして，仕入と品揃えを行うことである。

(2) 情報提供機能

情報提供機能は取り揃えた商品に関する情報，賢明な商品の選択・購入・使用に寄与する情報を提供したり，必要に応じてコンサルティングや特別なサービスを提供したりする機能である。近年，セルフサービス販売が普及し，販売員を介した情報提供が少なくなり，パッケージ上の表示や各種タグに記載された表示を用いた情報伝達が幅広く行われるようになってきている。

(3) 価格調整機能

価格調整機能は，品質別および数量別ランクなどを考慮し適正な価格を設定する機能である。価格設定は，当該地域や特定見込客層がもつ購買力や自店を取り巻く競争関係などをも参考にして遂行される。

(4) 立地と施設の提供機能

立地と施設の提供機能は，消費者が身近な所で商品を購入できるように適切な立地において，安全で快適な施設などを消費者に提供する機能である。商品陳列やレイアウト，店内カラーの統一や演出，ショーウィンドウの展示，バック・グランド・ミュージック，パブリックスペースの活用などによって快適さが演出される。また，駐車場整備，各種催し物の実施および地域コミュニティ

のためのパブリックスペースの設置といった形でサービス供与が行われる。

(5) 時間的便宜性の提供機能

時間的便宜性の提供機能は、消費者が購入を希望する時、随時に要求を充足させる生産と消費との時間的懸隔を調整する機能である。この機能が発揮されることにより消費者は適宜必要が生じたときに商品を必要な量だけ購入すればよいことになる。この機能に着目した小売業態がコンビニエンス・ストアである。コンビニエンス・ストアは、深夜や早朝など他の小売店が営業していない時間帯に、その時間帯のライフスタイルに適した商品を品揃えし、消費者のニーズに対応している。

(6) 付帯サービスの提供機能

付帯サービスの提供機能はアフターサービス、包装、配達、信用供与など、消費者の便宜に供する各種のサービスを提供する機能である。信用供与はカード化の進展に伴い、大型店にとどまらず商店街単位でも、カードを媒介とした信用供与がなされている。また、プリペイド・カードによる販売なども積極的に導入されている。さらに、品質保証を中心とするアフターサービスの提供なども、顧客管理とストア・ロイヤリティ向上のために重要である。

小売業は主として以上のような機能を流通機構の中間にあって果たしている点に、社会経済的にみた存在意義を見出すべきであろう。

第2節　わが国における小売業の展開

中小小売商の激減が続いていることからも分かるようにわが国の小売業はいま大きな構造転換期に差しかかっている。それは生産構造や消費構造の変化、さらには流通構造の変化によって触発されたものであるといってよい。同時にこれまでの日本の小売業を形成してきた歴史的な要因が大きく変化しようとしていることも反映していると思われるので、まず第二次大戦後の小売業の歩みを振り返ってみたい。

1　小売業の展開過程

以下，第二次大戦後の小売業の展開過程について述べたい[1]。

(1)　ヤミ市からの復興

第二次大戦は日本の経済に壊滅的打撃をもたらし，小売業が受けた被害も想像を絶するものであった。消費物資の決定的な不足は容易に解決せず，戦後の配給統制が全面的に撤廃されたのは1950年4月のことであった。この間，配給に代わって戦後復興の旗手を果たしたのはヤミ市であった。人びとは交換できそうなものなら何でも持ち寄ってヤミ市に集まった。1946年8月，ヤミ市の廃止によって，公式にはヤミ市は閉鎖されたことになったが，実際には類似の施設は依然として継続し，それがほぼ高度成長期の初め頃まで続いた都市も少なくなかった。物資不足のなかで，最も必要としたものは食料品であった。食料品をヤミ市に代わって販売したのは，「小売市場」あるいはマーケットであった。

(2)　中小小売商の保護政策時代

衣料品をはじめとする買い回り品の供給機関として立ち上がったのは百貨店であった。1955年頃には，販売額，売り場面積ともに戦前の水準に達した。このような中小小売商に先んじた百貨店の復興は，百貨店に対する新たな規制をもたらすこととなる。1956年に百貨店法（第二次百貨店法）が施行されることになる。売り場面積500坪以上の店舗で営業する小売商を百貨店業者と定義し，その百貨店業者による営業および店舗の新増設を許可制としたのである。この時期，農村部では農林漁業が，そして都市部では小売業が就業機会を提供した。小売業への過剰就業あるいは店舗重複といわれながらも，それを防ぐ手立てはなかったのである。小売業の圧倒的部分は生業店であったといわれるが，そのことは小売業問題が雇用問題の裏返しであることをも意味していた。この時期の小売業はいわば過剰参入による過当競争とでもいいうる状況の下で，経済の復興を待望した時代であった。政策的には百貨店法や小売商業特別措置法に代表されるような保護主義的色彩が強く現われていた。

(3) 流通革命の胎動

　戦後の経済復興の契機となったのは1950年に始まった朝鮮戦争であった。朝鮮戦争は，日本の経済を一気に景気づけた。56年に発表された「経済白書」が前年度を中心とした景気を分析して「もはや戦後ではない」と評したのはあまりにも有名である。さらに，1960年に打ち出された所得倍増計画は，日本経済の定着を宣言するものであった。その結果，低所得者が減少し，代わって中高所得者が増え始める。所得の平準化に支えられながら，大量生産とマス広告が消費者ニーズの均質化をもたらし，ここに本格的な大衆消費社会が成立することとなった。このような流れのなかで現われた流通の最も顕著な変化はメーカーによる流通過程への介入（流通系列化）とスーパーと称されるセルフサービス店の登場であった。これらの動きが「流通革命」という言葉を生みだしたのであった。当初は，比較的小規模で出発したスーパーマーケットがやがて取り扱い品目を拡大して，総合スーパーへの道を歩み始める。

(4) 大店法と新業態の登場

　高度成長の終期には，総合スーパーと中小小売商との間の軋轢は大きくなり，総合スーパーに対しても百貨店と同様な規制がもとめられることとなる。その結果，1973年に大規模小売店舗法が制定・公布され，1974年3月から施行されたのである。大店法の公布と施行の間に発生したオイルショックは，それまでの長く続いた高度成長路線の終わりを告げるものであった。日本経済は1979年の第二次オイルショックを受けて，本格的な安定成長期に向かっていく。豊かな可処分所得に裏付けられて成長した大衆消費社会は，いまや成熟消費社会へと転換する。同質的な大量市場がより多くの個性的な市場に分解されるといったイメージが強く打ち出されたのである。

2　小売業をめぐる諸問題

　小売業の競争の現状と，それをめぐる諸問題を検討することとしたい[2]。

(1) 小売業間の競争関係

　戦後の小売業の発展過程をみると，飛躍的に発展した時期には必ず新しい小

売業態が出現している。そして新旧の異業態間で競争が始まるのである。異業態間で優位に立った小売業態が，それぞれの時期の主導的小売企業群を形成することとなる。たとえば，1960年代の小売競争は，スーパー対百貨店・業種店，チェーンストア対支店経営・単独店という関係を軸に競争を展開した。1970年代に入ると，総合スーパー対ホームセンター・家電量販店，食品スーパー対コンビニエンスストア・ミニスーパーなどの新たな異業態間競争が始まった。異業態間の競争はしばらく続くが，いずれ新しい業態の競争優位が明らかになってくる。1960年代から1970年代にかけてはスーパーが，1980年代にはコンビニエンスストア・ホームセンターなどが競争優位を確立した。新しい業態の競争優位が確立すると今度は同業態間の激しい競争が始まるのである。80年代初めには総合スーパー，現在はコンビニエンスストア，ホームセンター，郊外型紳士服店，家電店などが同業態間競争の激化に直面している。その実態は，現在コンビニエンスストアや専門店チェーンが各地に出店を続け，同業態間の店舗が同一地域でしのぎを削っているのをみれば明らかである。このような同業態間競争は，価格競争や同業態企業格差の拡大をもたらすことになる。その結果として，同業態間企業の合併が行われたり，業界再編成が進むこととなる。

(2) 専門化業態と成長力

　流通は，生産と消費の間の隔たりを架橋することにより，財のもつ効用をよりよく発揮させ，価値を高める経済活動である。多品種化はこの隔たりを架橋する活動に大きな変化をもたらしている。具体的には，商品類型，販売形態が変質するということを意味している。そのことを，家電について考えてみることとしたい。乾電池や電球などのような消耗雑貨としての家電製品は最寄店で販売したほうが便利である。トースター，アイロン，電気釜のような家庭用品としての家電用品はスーパーのような小売形態に適している。カラーテレビや冷蔵庫のような耐久消費財としての家電製品は，価格訴求力とサービスのバランスのとれた小売形態が最終的に選ばれることになると思われる。音響製品やパソコンのような専門的家電製品の場合は比較購買ができ，情報・サービス機能の優れた小売形態が望ましい。

従来，小売業における主力業態として君臨してきたのは，衣・食・住の3部門にわたってワン・ストップ・ショッピングの場を提供してきた百貨店や総合スーパーのような総合化業態であった。しかしながら，1970年代半ば以降，専門化業態は大きな成長力を示し小売業界における地位を確立し今日に至っている。まず専門化業態として急速に成長したのは，家電，紳士服，スポーツ用品，靴店，ホームセンターといった大型の専門店である。これらの店は1980年代に入るとロードサイド・ショップとして展開され，著しい成長を遂げた。業態としては，家電専門店，日曜大工店などのように専門的な情報・サービスを提供するものと，ホームセンターのようにセルフサービス方式で低価格訴求を販売の主体とするものがある。次いでコンセプト・ショップとかライフスタイル・ショップと呼ばれる特定の消費者のライフスタイル，購買動機に合わせた専門化業態がある。たとえば，旅行を想定する場合，それに係わる一切の商品を品揃えするのである。さらに，低価格に専門化したディスカウンター的な専門化業態がある。

　このように専門化業態は急速に成長力を高めており，総合業態である百貨店やスーパーも対応を迫られているのである。

3　小売業の新展開

　伝統的な中小小売商が総合スーパーや新しい業態店との競合のなかで，大きく減少し始めている。それは新たな事態に対して，中小小売商が有効に適応できていないことを示している。昨今，大量生産を維持しながら，多品種・多仕様の製品を，短サイクルで生産するという方向が明確になってきている。そのことは当然に，メーカーにとっての単品での需要予測を大きくし，小売段階での正確な単品管理を求めることになる。消費者はその行動半径を広げ，様々な業態のなかから商品を選択することができる。小売業にとってはそれだけ競争が激しくなり，より適切なアソートメントを求めて競い合わなければならなくなるのである。コンピュータ・システムを駆使した新しい情報管理技術が求められる所以である。情報管理技術の先進性から，いま急成長を続けている業態

がコンビニエンス・ストアである。コンビニエンス・ストアは，今後電子商取引の拠点としても期待されている。

　コンビニエンス・ストアとともに，前述した専門化業態がいま専門店（専門量販店ともいう）および専門店チェーンとして著しい発展をみている。さらに，新・専門店ともいえる小売業態が勢いを増している。それは，ユニクロや無印良品といったPB商品にみる通りである。また，マツモトキヨシやダイソー，ブックオフも新・専門店といってよい。

　専門店とは，取り扱う商品のアソートメントを狭く深く絞り込み，商品にこだわりをもった消費者の愛顧を獲得しようとする小売店のことをいう。しかしながら，近年，取り扱う商品種類は専門店と同様でありながら，まったく新しいシステムを導入して精彩を放っている新・専門店が出現したのである[3]。

第3節　小売業態の特質と発展戦略

　小売店舗の業態は，具体的な小売業経営の場である店舗において，小売業の経営者が採用し実行する経営諸戦略を総合したものである。経営者は，ある目標とする市場を対象として，店舗の立地，品揃え，店舗規模，価格政策，販売方法（対面販売，セルフ・サービス，信用販売，通信販売，その他），付帯サービス（配達，返品，駐車場，その他），店舗施設（建築，内装，付帯施設，その他）などについての意思決定を行い，さらにそれらの全体，あるいは部分について消費者に情報を伝達し，購買を促進するための決定も行わなければならない。これらの意思決定を行い，さらにそれら全体，あるいは部分について消費者に情報を伝達し，購買を促進するための決定も行わなければならない。これらの意思決定の結果として，小売店舗の業態が成立する。そして，異なった内容，異なった組合せを決定することにより，異なった業態が成立することになる[4]。

　そこで，わが国に展開している主要小売業態の特質と発展戦略を，次にみていくこととしたい。

第 1 章　小売機構と小売経営

1　百貨店（Department Store）

　百貨店は取り扱う商品が極めて多種類にわたり，大型の店舗において各部門ごとに部門管理がなされる大規模小売業である。百貨店は英語ではデパートメントストアというが，このデパートとは部門を意味し，部門別管理がなされるとともに中央組織が各部門を統一的に管理することなどによって特徴づけられる。部門別に設定した売場を中心に販売と仕入を連動して，フロアマネージャーなどによってプロモーション活動も含めた管理が行われる。このような部門別組織に基づく売り場を大規模な店舗の中に集め，買回り商品を中心に品揃えし，ワン・ストップ・ショッピングの便宜性を提供している。

　百貨店の始まりに関しては諸説があるが，今日的な形での百貨店の登場は，1852年アリステッド・ブーシコ（Aristide Boucicaut）がパリに開設したボン・マルシエ（Bon Marce'）だといわれている。A・ブーシコは，豊富な品揃え，自由出入，正札販売，オープンショーケース，返品保証，低い売上高利益率など次々に新しい小売技法を導入した。今日では当たり前のこれらの商法も当時としては画期的なものであった。フランスではボン・マルシエに続いてルーブル（Louvre），メーシー（Macy）が開設された。このフランスの動きに影響を受けてアメリカでは1858年ニューヨークに，フランスのメーシーが百貨店を開設し，次いでワナメーカー（Wanamaker），マーシャルフィード（Marshall field）などが誕生した。また，イギリスでは1863年にウィリアム・ホワイトレー（William whiteley）が開設された。19世紀後半に百貨店が誕生し発展した背景には，未成熟であるが，工業の発展によって商品が大量に生産され，市場に送り出されたことがある。また，近代社会が成立していったヨーロッパにおいて高所得者層，中所得者層の購買場所として百貨店が位置付けられたのである。アメリカでは1900年から1920年頃にかけてが，百貨店の全盛時代であり，近代都市のシンボルとしてのダウンタウンに百貨店が位置したのである。そして，ショッピングと娯楽の中心地としての役割を果たしたのである。

　ところで，日本における百貨店の発祥は，1904（明治37）年に三井呉服店が

三越呉服店に社名を変更し，当時の東京日々新聞紙上の広告で「デパートメントストア宣言」を公表して，呉服屋から転換したのが最初である。なお，三越呉服店は今日の三越のことであり，江戸時代初期に三井家が創業した越後屋呉服店を起源としている。後の三井財閥の基となった事業の一つである。その後，1907年に大丸，1910年にいとう屋（現松坂屋），1919年に白木屋，松屋，高島屋，1920年に十合（現そごう）が相次いで百貨店として営業をはじめたが，それらはすべて江戸時代創業の伝統的呉服店であった。1920年代になると私鉄資本がターミナルに百貨店を創業するようになった。さらに，日本経済の発展や都市化の進展とともに，各地で新規参入があり，また大規模化がみられた。今日，日本の百貨店は

(1) 三越をはじめてとする江戸時代からの呉服商を前身とする伝統的な百貨店
(2) 私鉄系のターミナル百貨店
(3) 地元資本による地方百貨店

の三つのタイプに大きく分類することができる。百貨店は販売，商品，サービス，建物などの面で革新的な近代化を行い，小売業界の中心として輝かしい歴史を綴ってきた。しかし，1960年代後半になって総合スーパーや専門店の成長を受けて業績が伸び悩み，1970年に入り年間販売額で上位の座を総合スーパーに明け渡すなど凋落傾向が顕著となった。そればかりでなく，長引く不況による売上不振やトップの放漫な経営姿勢，過剰投資などが原因となって経営破綻に追い込まれる百貨店が出てきたのである。

　経営破綻の象徴的事例が大手百貨店そごうの倒産である。2000年7月，負債総額約1兆8,700億円で民事再生法を申請した。その後，そごうは西武百貨店主導で再建に取り組んでいる。ところが西武百貨店も経営体質は万全ではない。グループ売上高4兆円を誇ったセゾン・グループは巨額な負債を抱え苦しんでいる。

　これ以外にも福岡の老舗百貨店岩田屋は本店の売却に追い込まれ，山形松坂屋と三越新宿店南館は閉鎖された。また，宇都宮の上野百貨店が倒産，福岡玉屋が廃業した。このように，いま百貨店は窮地に立たされている。

このような事態に立ち至った背景はどこにあるのであろうか。それは消費者意識の高まりや大店法の緩和・廃止による小売店間の競争の激化，あるいはバブル経済時代の過大な投資負担や地価税などによるものであった。しかし，最も基本的な問題点は委託販売と派遣店員という取引慣行にある。すなわち，委託販売はアパレルメーカーが百貨店に自社製品の販売を委託するというかたちをとり，メーカーが所有権を持ったまま，百貨店の店頭で消費者への販売が行われるのである。また，派遣店員のやり方はメーカーの社員が百貨店の店頭で消費者への販売に当たるものである。この委託販売と派遣店員によりアパレルメーカーは，百貨店の店頭にいかなる製品を取り揃え，それらをいくらで売っていくかというマーチャンダイジングにおいて，リーダーシップを握ることができたのである。これに対して，百貨店は小売業の本来の役割であるマーチャンダイジングや接客をメーカーに任せ，いわば場所貸し業としての道を歩むこととなってしまったのである。1960年代からメーカー依存の百貨店経営の危うさが指摘されていたが，ついに今日まで持ち越されてきた。しかも，百貨店を取り巻く問題は，委託販売と派遣店員という取引慣行にとどまらないのである。いま一つの問題点は，すでに誕生以来100年以上を経過した小売業の生存可能性である。百貨店は全体としての規模は大きくても，取り扱いカテゴリーが多いため，手薄になりがちである。しかも，豪華な店舗での対面販売であるため，価格競争ということになると劣る場合が多い。したがって，百貨店は消費社会の進展と専門店チェーンの登場によって苦境に立たされているのである。既に，カメラや家電製品などのカテゴリーでは，百貨店は専門店チェーンに対して競争力を失っている。このような状況に対応して，百貨店はファッション衣料品などの得意カテゴリーに特化し，商品カテゴリーを絞り込んでいかなければならない。百貨店が今後存立し続けるためには店舗管理システムや商品調達システムといった運営システムの確立が急務である。特に自ら商品企画をしたり，海外も含めた広い範囲から商品調達する，自主マーチャンダイジングが不可欠である。

2　スーパーマーケット（Super Market, SM, 食品スーパー）

　スーパーマーケットは1930年代の不況期にアメリカ合衆国で誕生した。1930年にマイケル・カレン（M. Cullen）がニューヨーク州ロングアイランドに「キング・カレン（King Kullen）」を開店した。これが世界最初のスーパーマーケットだとされる。この開店は当時のグローサリーストアを中心とする食料品小売業界に革命的変化をもたらした。取扱い商品は，食料品，日用雑貨，軽衣料などの最寄品を中心とし，セルフサービス方式の導入によって人件費を節減し，低コスト経営，低価格販売を実現した。

　次に，わが国におけるスーパーマーケットの起源については様々な説がある。その一つ目は1953年，東京青山に外国人向けに開店した食料品店「紀ノ国屋」が最初であるとする説である。しかし，この店はスーパーマーケットの業態を導入したというよりは，むしろ本格的なセルフサービス方式への販売方式の転換を最初に実施したところと位置付けたい。二つ目は「主婦の店」運動を起源とするものである。この立場の方が適当であると考える。「主婦の店運動」起源説に立って1957年に「主婦の店ダイエー」1号店が大阪千林にオープンし，翌年には神戸三宮店がオープンしたことをもって，わが国におけるスーパーマーケットの始まりとしたい。

　今日のスーパーマーケット（食品スーパー）の特徴点は次の通りである。
① 　品揃えは食料品全般（加工食品，青果物，魚介類，肉類，および乳製品など）が中心である。そのほか日用雑貨なども扱っている。
② 　セルフサービス販売方式を採用している。
③ 　大量一括仕入を行う。
④ 　薄利多売を行う。
⑤ 　売場面積の標準規模は1,000㎡程度である。
⑥ 　チェーン展開しているが，地域限定的である。

　今日，わが国の消費者は食品の半分以上をSMや総合スーパーで購入している。特に，地域に根ざしたチェーン展開を行い，経営資源を食料品販売に集中する

SMは順調に業績を伸ばしている。近年，深夜型SMや売場面積約3,000㎡の大型食品スーパー（SSM）も出現し，積極的な展開を図っている。

3　総合スーパー（スーパー）

　わが国では，消費財の生産力の向上と大衆消費市場の成立に対応して，様々な小売革新の試みが行われた。その過程で，めざましい発展を遂げたのは，アメリカ流のスーパーマーケットとディスカウント・ストアを一緒にしたような，総合スーパーであった。この小売業態は，衣食住にわたる商品を品揃えし大規模な店舗を構えている。イトーヨーカ堂，ダイエー，ジャスコ，西友などはその代表である。これらの小売業者の多くは，1950年代後半から1960年代前半にスーパーマーケットとして出発し，1970年代に品揃えを衣食住に広げ，総合スーパーへ業態転換し新しい道を歩んできたのである。他方，スーパーマーケットを発展させる形で成長してきたのが，食品スーパーである。本章では，その業態をスーパーマーケット（食品スーパー）として取り上げた。

　総合スーパーは，戦後の流通革命のなかで革命的な経営手法を採用することで，いち早くその主役として名乗りをあげたのである。日用必需品に関してありとあらゆる商品を取り扱うことで，ワン・ストップ・ショッピングを可能にし，かつ圧倒的な低価格訴求に応えることに成功した。折からの高度経済成長と大衆消費市場の出現・拡大により，またたく間にわが国小売業の中心的存在になったのである。その象徴は，総合スーパーのリーダー的存在であったダイエーが，1972年に三越を追い越し小売業界の首位についたことである。このような成長を支えてきた最も基本的な戦略は，有望立地に店舗を次々と出店していく多店舗化にあった。

　ところで，こうしたスーパーの特徴は次の通りである。
① 百貨店と同様，衣食住にわたる幅広い商品を扱っている。百貨店は個性的商品を中心に品揃えしているが，スーパーは非個性的商品を中心に扱い，一部は普及した個性的商品も扱っている。
② 食品売場などはセルサービス販売方式をとっている。その他の部門では

対面販売方式をとることが多い。
　③　チェーン・ストアの形態をとり，全国規模で直営店を多店舗展開している。ＰＢ商品の開発にも力を入れている。
　④　売上高，売場面積，従業員数，及び資本金からみて大規模である。

　高度成長を追い風に成長の道をひた走ってきた総合スーパーも，1990年代に入ってバブル経済の終焉とともに，業績不振に陥る企業が目立ち始めた。総合スーパー時代の転換を告げたのは，ダイエーが28年ぶりに小売業界第１位の座を，2001年度にセブン-イレブン・ジャパンに譲り渡したことである。売上の不振・利益の減少と，これまでの他部門（外食事業，ファイナンス，レジャー，ホテル，不動産など）への巨額投資は，総合スーパー各社の財務状態を急速に悪化させずにはおかなかった。ついに2000年２月，長崎屋が本体約3,000億円，関連会社を含めて約3,800億円の負債を抱えて会社更生法の適用を申請する事態となった。さらに，2001年９月マイカルは負債総額約１兆7,000億円で民事再生法の適用を申請し倒産した。総合スーパーの雄として君臨したダイエーも２兆9,000億円にのぼった有利子負債の圧縮のため格闘中である。徹底的なリストラ策を実施するとともに，小売業の原点への回帰を目指している5)。

　前述のように，わが国における総合スーパーはスーパーマーケットを原点として，その業態にチェーン・ストア，ディスカウント・ストアなどのコンセプトを取り入れ，わが国独特の総合スーパーという業態に昇華したのである。この小売業態がワン・ストップ・ショッピングとスクランブルト・マーチャンダイジングの提供を中心として，高度成長期以降のわが国小売業をリードしてきたのである。しかしながら，総合スーパーはいま大衆百貨店としてどう魅力を発揮していくかが問われている。今後の方向性としては，チェーン・ストアとしての中央統制のメリットを生かしながら，権限の分散化を図り「地域に密着した店づくり」に力を注ぐとともに，差別化を図り利益率を高めるためにPBの商品の開発に力をいれていかなければならない。

4 ディスカウント・ストア（Discounnt store, DS）

　ディスカウント・ストアは，低価格販売を特徴とする小売業であって，その本格的な発祥はアメリカである。1954年，アメリカ・ニューヨークにユージン・ファカウフ（E・Ferkauf）がコーベット（EJコーベット）という店を開店したのが最初といわれている。しかし，このコーベットの開店以前にもディスカウント販売を特徴とする小売業態は存在していた。アメリカでは第二次世界大戦後，家具，家電品などの耐久消費財の安売店が数多く登場し，発展をみた。続いて衣料品や日用品雑貨の安売店が数多く展開した。ここで，コーベットについて注目すべき点は，百貨店並みの品揃えを持ちながらディスカウント販売を行ったということである。このことが，以後のアメリカの小売業に大きなインパクトを与えたのである。

　今日，ディスカウント・ストアというとき，総合ディスカウント・ストアと専門ディスカウント・ストアの2種類がある。総合ディスカウント・ストアの代表的な存在は，アメリカで最大の小売業でかつ世界でNo.1の小売業であるウォールマート（Wal-Mart）社である。同社は非食品を中心に各種の商品を幅広く扱いいずれの商品も徹底的に安く販売する総合ディスカウント・ストアである。ウォールマートの場合，定期的に特売を行うのではなく，毎日，低価格（EDLP: Every Day Low Price）で販売している。1990年，それまで長年にわたって全米小売業の頂点にあったシアーズ・ローバックに代わり首位の座についた。

　しかしながら1990年頃から，総合ディスカウント・ストアと食品中心のスーパーマーケットを結合した，スーパーセンターと呼ばれる新業態が登場してきた。90年代半ばには，ウォールマートやKマートなど総合ディスカウント・ストアの大手各社は，この新業態へのシフトを強めていった。総合ディスカウント・ストアに対して，特定の商品カテゴリーに特化し，そのなかで低価格と圧倒的な品揃えを実現していく小売業が専門ディスカウント・ストアである。このタイプのディスカウント・ストアはカテゴリーキラーと呼ばれ，アメリカでは大発展している。玩具のトイザらス，スポーツ用品のスポーツ・オーソリティ，

エレクトロニクス製品のサーキットシティがいい例である。このカテゴリーキラーを主に集めたショッピングセンターを，パワーセンターと呼んでいる[6]。

このほか，アパレルのブランド品をシーズンの終わりに仕入れて低価格で販売するオフプライス・ストア，会員制で倉庫型店舗において卸売と小売を行うホールセール・クラブなど，種々のディスカウント系の小売業態が成長してきた。また近年，余剰在庫や半端物を格安の価格で販売するアウトレット・ストアの集積であるアウトレット・モールの集客力の高さが注目を集めている。アウトレット・モールはアメリカで確立された業態で，取引先（百貨店や一般小売店など）の規格などに適応できなかったイレギュラー商品や余剰在庫品を，工場直売店として倉庫を借りて通常定価の30〜50％引きで自らが販売したのが始まりであるといわれる。わが国では93年３月開業の「マーケットシーン・リバモール」（神戸六甲アイランド）が最初であった。いまや全国で20ヵ所以上が営業している。いずれも車でのアクセスのよい郊外に立地している。

わが国における本格的なディスカウント・ストアの台頭は近年に至ってからのことである。従来は，現金問屋などから仕入れて安売するタイプのものが多かった。最近，わが国でも専門ディスカウント・ストア（専門店チェーンともいう）が，紳士服（青山商事やアオキなど），カジュアル衣料（ユニクロやしまむらなど），カメラ（ヨドバシコジマなど），および酒類（大門ややまやなど）などの分野で成長してきている。総合ディスカウント・ストアの分野は海外から巨大資本のディスカウント・ストアが相次いでわが国に進出してきている。今日，総合ディスカウント・ストアの分野ではダイクマが目立つ程度であるが，今後わが国でも総合ディスカウント・ストアが発展期を迎えるものと予想される。

5　コンビニエンス・ストア (Convenience Store)

今日，最も注目すべき業態はコンビニエンス・ストアである。コンビニエンス・ストアは空間的便宜性に加えて時間的便宜性を提供し，特に若い世代のニーズに巧みに対応し，成長を続けている。そこで最も重視すべきは，コンビニエンス・ストアがわが国の小売業の運営システムに革新をもたらした点であ

る。ここではコンビニエンス・ストアの生成・発展の過程と，その概念・業況について述べる。

(1) **コンビニエンス・ストアの生成・発展**

コンビニエンス・ストアの生成・発展の過程を概観したい[7]。

まず，米国におけるコンビニエンス・ストアの起源について述べる。テキサス州ダラスにおいて1927年6月28日，氷の製造販売会社であるサウスランド・アイス社（現サウスランド社）が創業した。当時は家庭に製氷器や冷蔵庫がなく，1週間に7日，長時間営業するこの店は人々の強い支持を獲得したのである。開業間もなく顧客から氷以外の生活必需品を置いてほしいとの要望が出された。マネジャーは試しに自分のポケット・マネーで牛乳，パン，卵を購入し少し置いてみたところ，たちどころに売り切れたのである。マネジャーからこのアイディアを伝え聞いた経営者は早速，冷蔵保管の必要な牛乳や卵のほかに，保管の簡単なたばこや缶詰といった生活必需品を取り扱うこととしたのである。これがコンビニエンス・ストアの業態起源とされている。サウスランド・アイス社は1946年，店名を「7-Elevn」として再出発したが，店名は営業時間を午前7時から午後11時までという意味にほかならない。こうして，コンビニエンス・ストアの業態概念は，多様な種類の生活必需品をコンパクトに品揃えする長時間営業の小型店舗として明確に確立されたのである。しかしながら，その本格的発展は大型スーパーマーケットの成長により従来型食料品店が衰退していった1950年代に入ってからであり，1960年代に一気に爆発的な成長をみたのである。今日，米国では8万店以上のコンビニエンス・ストアが運営されているが，その特徴は，第一にその半分以上がガソリンスタンドに併設されている点であり，第二は主要標的が1970年代まではブルーカラー層であったが，1980年に入るとより広い層に広がっていったという点である。ところで，1980年代後半に入ると米国のコンビニエンス・ストアは大きな転機を迎えたのである。第一点は他の小売業態においても，便宜性を兼ね備えた店舗が増加し，業態間競争が激化した点である。第二点は，石油業界からの参入が活性化したこともあって，コンビニエンス・ストア業界内部での競争が激化した点である。1990年前後に

は，アメリカの有力なコンビニエンス・ストアが経営の危機を迎えたが，業界第一位のサウスランド社の経営危機に際しては，日本のセブン-イレブン・ジャパンが同社を買収して傘下に収めた。もともと日本のセブン-イレブンは同社のライセンスを受けてノウハウの導入を図った経緯があるが，逆に日本で蓄積されたノウハウを提供しながら再建に当たったことで注目を集めた。

　次いで，コンビニエンス・ストア・システムがわが国に導入されたのは，1970年代前半のことである。最初の実験店舗は有力ボランタリー・チェーンのマイショップとKマートの手によって1969年と1970年に相次いで開設された。当時，コンビニエンス・ストアはスーパーに対抗する中小小売商の小売業態戦略として強い関心をもたれていたのである。さらに，コンビニエンス・ストア展開の契機となったのは，石油ショック後の安定成長への移行，販売競争の激化からスーパーの成長が鈍化し始めたことである。それに決定的な影響を与えたのは1973年9月に成立した大規模小売店舗法であった。同法の施行によって，自由な出店が許されていたスーパーに出店規制の歯止めがかけられ，スーパーを軸とした小売業態のダイナミズムは方向転換を迫られることとなった。これを契機にスーパーは大規模小売店法の枠外であるコンビニエンス・ストアへの進出を開始するのである。まず，73年9月スーパー系のトップを切って西友が埼玉県狭山で実験店舗を開設した。次いで，同年11月にはイトーヨーカ堂が当時すでに全米で4,000店を展開していたサウスランド社と業務提携し，ヨークセブン（現セブン-イレブン・ジャパン）を設立した。外資の経営ノウハウ導入による業務展開の第1号であった。80年までにニチイを除く大手スーパー6社がすべて参入したほか，異業種資本やベンチャービジネス的資本の参入も活発に続いた。日本へのコンビニエンス・ストアの導入は，前述のように中小小売商の経営活性化とスーパーの成長戦略の転換という二つの背景が絡み合い，独自の発展を遂げて今日に至っている。わが国のコンビニエンス・ストアの発展理由は，フランチャイズ制をとり入れ，情報をベースにしたハイテク流通システムを確立した点にあるといわれている。

(2) コンビニエンス・ストアの概念と業況
① 業態の定義

コンビニエンス・ストア（convenience store）について中小企業庁が『コンビニエンス・ストア・マニュアル』のなかで定義している。その要点は次の通りである。

立　　　地	住宅地にあり，徒歩で5分から10分で行ける程度を商圏とする。
店 舗 規 模	300㎡以下の小型店舗である。
品　揃　え	店舗面積から考えて1品種当りのブランド(銘柄)を絞りこむ必要がある。一般食料品，セルフ販売が可能な生鮮食品，日用雑貨などの生活必需品を主体とする。
営 業 時 間	地域内のスーパー，一般小売店よりも長く，年中無休を原則とする。
従　業　員	セルフサービスが原則なので，管理者1名と若干名の店員を基本に交替制，パートタイマーの活用を図る。
組 織 形 態	フランチャイズ方式をはじめとしたチェーン組織を採用する。本部の強力なリーダーシップ，指導の下に店が運営される。
顧客との関係	セルフサービス販売であるが顧客との親密な人間関係をつくることが重要である，要するにコンビニエンス・ストアの経営構造は，a 時間の利便性(長時間営業)，b 立地の利便性(近い)，c 品揃えの利便性(急ぐ時に間に合う)，を追求する，いわば生活密着型の構造をつくりあげている。

② 最近の業況

日経MJ（流通新聞）の調査によると営業利益が1,500億円を超えたセブン-イレブン・ジャパンが2002年度も900店と大量出店し，10,000店の大台乗せが秒読みに入っている。業界の既存店売上高は4年間連続のマイナスであるが，最大手の攻勢が続いている。2002年度の出店は前年度比1.2倍の900店で業界トップである。閉店数を引いた店舗の純増数は同1.4倍の630である。業界全体の純増数は1,219であるから，全国でこの1年の間に増えたコンビニののうち2店に1店がセブン-イレブンということになる。

2001年度の大手5社の全店売上高は各社とも対前年度比増を記録している。すなわち，セブン-イレブン・ジャパン2兆1,140億1,300万円（3.3％増），ローソン1兆2,823億6,900万円（0.5％増），ファミリーマート8,986億5,100万円

図表1－1　2001年度コンビニエンスス

順位 00年	順位	社名	店名	決算期	本社(本部)所在地	系列
1	1	セブン-イレブン・ジャパン	セブン-イレブン	2	東京	イトーヨーカ堂
2	2	ローソン	ローソン	2	大阪	三菱商事
3	3	*ファミリーマート	ファミリーマート	2	東京	伊藤忠グループ
4	4	*サークルケイ・ジャパン	サークルK	2	愛知	シーアンドエス
5	5	*サンクスアンドアソシエイツ	サンクス	2	東京	シーアンドエス
6	6	*デイリーヤマザキ	デイリーヤマザキ	12	千葉	山崎製パン
7	7	*ミニストップ	ミニストップ	2	千葉	イオン
8	8	*エーエム・ピーエム・ジャパン	am/pm	3	東京	ジャパンエナジー
9	9	*セイコーマート	セイコーマート	12	北海道	独立系
10	10	ポプラ	ポプラ, 生活彩家, くらしハウス	2	広島	独立系
11	12	*スリーエフ	スリーエフ	2	神奈川	独立系
12	11	国分グローサーズチェーン	コミュニティ・ストア	12	東京	国分
13	13	セーブオン	セーブオン	2	群馬	ベイシア
14	14	モンマートストアシステムズ	モンマート	12	東京	独立系
15	15	広屋	スリーエイト, L&W, ハイマート, マイチャミー	3	広島	独立系
16	16	東日本キヨスク	NEWDAYS, NEWDAYSMINI	3	東京	東日本旅客鉄道
17	20	エブリワン	エブリワン	2	熊本	ココストア
18	18	東北スパー	HOT SPAR, SPAR	3	岩手	ベルセンター
19	21	エリアリンク	エリアリンク	4	千葉	独立系
20	19	九州地域スパー本部	SPAR	2	熊本	九州コンビニエンスシステムズ
21	22	月の友(TGC本部)	モンペリ	9	茨城	独立系
22	23	*ジェイアール西日本デイリーサービスネット	Heart・in	3	大阪	西日本旅客鉄道
23	24	コスモスジャパン	コスモス	3	千葉	独立系
24	17	チコマート	チコマート	3	東京	クラフト
25	25	サニーマートコンビニエンス事業部四国スパー本部	SPAR	9	高知	独立系
26	27	東京コンビニエンスシステム	TCS	9	埼玉	独立系
27	28	リトルスター	リトルスター	3	宮城	独立系
28	29	新鮮組本部	新鮮組	3	東京	独立系
29	26	飯野リテイル	ジャストスポット	3	千葉	飯野海運
30	30	キャメルマートジャパン	キャメルマート	3	岩手	独立系
31	34	小田急商事	オダキューOX	2	東京	小田急電鉄
32	33	アップルマート	アップルマート	2	東京	独立系
33	31	*タイムズマート	タイムズマート	6	東京	佐藤徳蔵商店
34	32	北陸ホットスパー	HOT SPAR	3	富山	ニホンカイゼネ
35	39	東海キヨスク	ベルマート	3	愛知	東海旅客鉄道
36	37	阪急電鉄	アズナス	3	大阪	独立系
37	36	チックタックシステムズ	チックタック	3	富山	日本海酒販
38	35	関東コンビニエンス	KCS	3	千葉	独立系
39	38	イズミック	タックメイト	5	愛知	独立系
40	40	100円コンビニユーエスマート	US. MART	9	三重	独立系
41	―	ショップアンドライフ	ショップ&ライフ	3	東京	チコマート
42	41	愛知マイショップ	マイショップ	2	愛知	独立系
43	42	石田屋本店	アイマート	12	神奈川	独立系
44	43	酒有連	シビス	3	大阪	独立系
45	44	北陸酒有連	リックス	12	石川	全国酒有連
46	45	太津屋	オレンジBOX	9	福井	独立系
47	―	ワタナベ本店	タイムズマート	3	岐阜	御代桜醸造

出所：日経MJ（流通新聞）編『流通経済の手引』日本経済新聞社, 2002年10月, pp.262-263。

第1章 小売機構と小売経営

高ランキング

（▲は減，—は無回答，期末店舗数のカッコ内は前期比増減率%）

全店舗年間売上高(百万円)	全年度比増減率(%)	売上高内訳(百万円) 直営	FC	VC	期末店舗数(増減率%)	出店・閉店の推移 00年度 出店	閉店	01年度 出店	閉店	02年度出店予定
2,114,013	3.3	72,934	2,401,078	0	9,116(5.3)	670	212	733	278	900
1,282,369	0.5	98,836	1,183,533	0	7,734(0.7)	725	420	601	550	500
898,651	6.5	33,438	865,217	0	5,287(0.7)	440	223	515	503	—
982,032	2.2	—	—	—	5,856(0.8)	—	—	—	—	—
467,330	4.4	36,537	430,793	0	2,583(4.5)	170	77	203	92	230
501,087	4.7	—	—	—	2,828(5.0)	—	—	—	—	—
393,110	7.4	9,632	383,478	0	2,138(6.0)	200	78	206	85	253
544,415	9.5	—	—	—	3,066(8.5)	—	—	—	—	—
—	—	—	—	—	2,159(▲ 5.5)	0	207	—	—	—
317,620	▲5.8	—	—	—	2,281(▲ 5.2)	—	—	—	—	—
226,021	4.8	21,927	204,094	0	1,395(3.3)	152	69	111	66	160
244,030	5.1	—	—	—	1,530(4.2)	—	—	—	—	—
171,810	6.2	—	—	0	1,096(3.4)	—	—	—	—	—
208,600	8.1	—	—	—	1,337(4.9)	—	—	—	—	—
153,705	2.1	0	153,705	0	970(0.8)	51	18	30	22	—
169,829	▲2.6	—	—	—	1,079(▲ 0.5)	—	—	—	—	—
127,503	6.8	11,231	116,272	0	872(12.7)	103	45	184	86	—
114,334	5.4	21,343	92,991	0	637(4.8)	35	11	52	23	65
—	—	—	—	—	646(—)	—	—	—	—	—
109,220	0.1	0	0	109,220	662(0.9)	60	55	49	55	—
62,548	▲3.1	—	—	—	535(▲ 6.1)	—	—	—	—	—
53,481	▲7.0	656	0	52,825	463(▲ 0.6)	1	2	3	6	5
40,330	▲1.2	2,600	0	37,730	325(▲ 1.2)	6	14	11	15	—
38,568	—	38,568	0	0	263(—)	35	—	40	0	36
22,000	12.8	—	—	0	116(▲ 2.5)	21	8	15	18	34
21,000	▲6.9	—	0	—	156(▲ 6.0)	12	—	7	—	—
19,500	2.0	0	0	19,500	194(6.0)	23	5	18	7	18
18,826	▲13.4	2,645	16,181	0	140(▲16.2)	—	—	1	28	10
17,950	▲3.0	0	0	17,950	149(0.0)	2	2	8	8	10
15,165	1.2	14,979	186	0	74(▲ 1.3)	6	4	2	3	—
21,338	1.0	—	—	—	102(▲ 1.9)	—	—	—	—	—
13,043	▲11.3	0	0	13,043	105(▲ 5.4)	9	6	9	15	20
12,400	▲48.3	—	—	—	156(▲35.0)	1	22	3	87	18
10,591	▲4.2	707	0	9,884	67(▲ 8.2)	9	17	0	6	—
8,100	▲4.9	0	0	8,100	65(▲ 7.1)	16	5	4	9	0
7,200	1.4	2,600	4,600	0	47(▲ 2.1)	3	5	3	4	3
6,938	0.8	—	—	—	49(6.5)	3	0	8	5	7
6,093	▲35.0	—	—	—	60(▲ 9.1)	7	10	—	—	—
5,700	▲12.8	200	0	5,500	54(▲ 8.5)	4	10	2	7	—
5,664	▲4.6	5,664	0	0	29(▲ 6.5)	0	0	0	2	0
5,572	▲6.2	590	4,982	0	46(▲10.9)	4	3	2	12	—
5,237	▲14.3	383	4,854	0	41(▲10.9)	0	0	0	5	—
17,500	▲2.8				138(▲ 1.4)					
5,200	▲13.3	—	—	—	43(▲ 4.4)	0	8	0	2	—
4,983	—	4,983	0	0	27(—)	2	0	6	1	—
4,620	▲0.4	4,620	0	0	21(▲ 4.5)	4	0	2	3	3
4,600	▲8.0	0	4,600	0	36(▲ 5.3)	0	4	0	2	—
4,050	▲26.4	0	0	4,050	45(▲11.8)	0	4	1	7	—
3,956	▲14.3	0	0	3,956	72(2.9)	12	5	5	3	14
2,970	4.2	800	2,170	0	71(2.9)	10	1	7	5	18
2,869	—	—	—	0	53(▲14.5)	—	—	1	10	—
2,500	▲10.7	0	0	2,500	19(▲26.9)	0	1	0	7	11
2,209	▲11.0	0	0	2,209	21(▲ 8.7)	1	0	0	2	—
2,200	▲4.3	0	0	2,200	22(0.0)	0	5	0	0	0
1,230	▲6.2	0	0	1,230	16(▲11.1)	0	0	0	2	—
1,086	▲10.4	1,086	0	0	5(0.0)	0	0	0	0	0
600	—	—	—	—	7(▲12.5)	0	1	0	2	0

図表1－2　大手コンビニ5社の全店売上高
（エリアフランチャイズ除く）

セブンイレブン
7000店突破 ☆
ローソン
5000店突破 ◎
ファミリーマート
3000店突破 ○
サークルケイ・ジャパン
2000店突破 □
1000店突破 △
サンクスアンドアソシエイツ

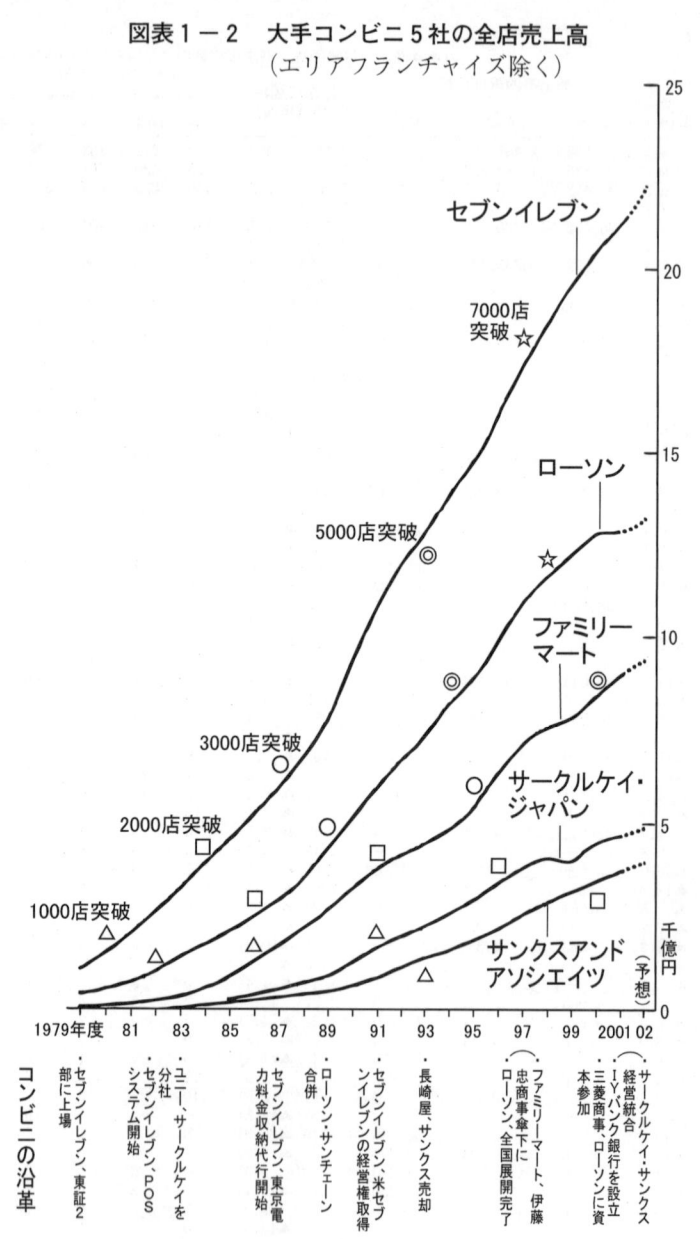

千億円
（予想）

1979年度　81　83　85　87　89　91　93　95　97　99　2001　02

コンビニの沿革
・セブンイレブン、東証2部に上場
・ユニー、サークルケイを分社
・セブンイレブン、POSシステム開始
・セブンイレブン、東京電力料金収納代行開始
・ローソン・サンチェーン合併
・セブンイレブン、米セブンイレブンの経営権取得
・長崎屋、サンクス売却
・ファミリーマート、伊藤忠商事傘下に
・ローソン、全国展開完了
・サークルケイ・サンクス経営統合 IYバンク銀行を設立 三菱商事、ローソンに資本参加

出所：日経MJ（流通新聞）編『流通経済の手引き』日本経済新聞社，2002年10月，p.260。

(6.5％増）サークルケイ・ジャパン4,673億3,000万円（4.4％増），サンクスアンドアソシエイツ3,931億1,000万円（7.4％増）となっている。

(3) コンビニエンス・ストアの革新性と存立基盤

　日本型コンビニエンス・ストア・システムはわが国小売業の運営システムに革新をもたらし，さらにその過程でマーケテイング・システム全体に革命的といえるほどの変化をもたらしたのである。その革新の中心は①生産システム，②品揃えの機動性・柔軟性，③情報ネットワークの組織化である。さらに，それらとの関連においてPOS（Point Of Sale）システムを用いた商品管理と効率的な物流システムである。わが国におけるコンビニエンス・ストアは，主として単身者や学生を標的に時間的便宜性を強調するかたちで展開された。サウスランド・アイス社（現サウスランド社）から導入した経営ノウハウを基にして，日本独自の極めて効率的な運営システムをつくりあげ，それを精緻化していったのである。その過程でリーダー的役割を果たしたのは，セブン-イレブン・ジャパンである。

　ここで強調しておきたい点は，コンビニエンス・ストアは百貨店，総合スーパーの有効性を引き継ぎ，消費の「民主化」と「大衆化」に加えて，「即時化」という有効性を加えた高次の小売業態であるという点である。さらに，「便宜性」をキーワードにして写真のDPE，宅配便，興業チケットの販売，国内航空券の予約・発券，JR乗車券予約・引き渡し，通信販売代金の収納代行，電話や電気の代金の収納代行などに進出している。かくして，コンビニエンス・ストアはわれわれの最も身近かで便利な小売業態として存立基盤を確立している。同時に，コンビニエンス・ストアの革新性は，中小小売商を対象として契約型チェーン（フランチャイズ・チェーン，ボランタリー・チェーン）として展開され，中小小売商の経営活性化に貢献してきた点も指摘しておきたい。

6　その他の小売業態

　その他の小売業態のうちからドラッグ・ストア，ホームセンター，ショッピングセンターを選んで簡単に説明することとする。

(1) ドラッグ・ストア（Drug Store）

化粧品，食品，日用雑貨品など幅広い品揃えが行われている。チェーン方式をとる大規模小売業であり，医薬品以外はセルフサービス方式を導入し，低価格販売を行っている。今後は医薬分業が進み，調剤部門をもつことが必要とされる。

(2) ホーム・センター（Home Center）

「Do It Yourself（DIY，日曜大工）」用品を販売していたDIY店が品揃えを拡大し，建築資材，園芸用品，家具，スポーツ用品，金物などを幅広く取り揃えている。ロードサイドに立地する大型店で，広い駐車場を備え，セルフサービスを全面的に導入している店が多い。また，近年カーテン，カーペットなどの「ホームファッション」商品の充実に力を入れている。

(3) ショッピング・センター（Shoppinng Center）

ディベロッパーの統制のもとに，一つの小売業態ではなく異種の小売業態が集積したものである。ショッピング・センターのコンセプトは1ヵ所で買い物が完遂するという「ワン・ストップ・ショッピング」機能の提供にある。ディベロッパー（developer）によって計画的に創造された商業集積である。

近年，総合スーパーのイオン（千葉市）が積極的にショッピング・センターを展開している。2003年7月5日，都市型対応をしたイオン熱田ショッピング・センターを名古屋市内にオープンした。同店舗は4階建てで延べ面積は約62,000㎡である。ジャスコ熱田店，スポーツ専門店スポーツオーソリティのほか，全国の有名ラーメン店が軒を連ねるラーメン哲人館など飲食店37店舗を含む150の専門店が入館した。この動きは本格的なショッピング・センターの時代がやってきたことを示している。

第4節　小売業の経営形態

1　小売業の経営形態上の分類

小売業を経営形態上から分類すると，単一店舗経営と複数店舗経営に分けられる。わが国では，100万を超える中小零細の小売店が単一店舗経営の独立店

舗である。独立店舗経営は，主として商店街に立地する中小小売業者によって行われている。なお，本・支店経営は商品の仕入，販売，およびプロモーションなどの権限が各店舗の店長に与えられていて独立店舗の経営とほとんど変わることがない場合，独立店舗経営とみなしてよい。今日の中小小売業者のうちには，副業・兼業であって家計補助を目的とするものと，企業者として利潤極大化，資本の蓄積を目的に行動しているものとがある。これらの中小小売業は，立地的便宜性と時間的便宜性の提供により，それらを重視する消費者に評価されている。また，対象とする市場が限られているため，購買代理者としての役割や情報提供・アフターサービスなどの機能も果たしやすい立場にある。今後，小規模の不利を補い，有利な点を生かして，小規模であっても存在基盤を確立する余地がある。

　次は，複数店舗経営は本店（本部）による中央統制が徹底していてチェーン・オペレーションが行われている点が特徴である。チェーン・オペレーションの形態としては，a．チェーン・ストア，b．ボランタリー・チェーン，c．フランチャイズ・チェーンがある。以下，これらのチェーン・オペレーションについて，その特徴点を述べた上で現状と課題について考察したい。

2　チェーン・ストア（Chain Store）

　チェーン・ストアとは，国際チェーン・ストア協会の定義によれば単一資本で11以上の店舗を直接経営管理する小売業または飲食業の形態であると規定している。それは業種・業態に関係なく，多数の店舗を統一的に管理する本部と管理される店舗（チェーン店）から成り立っている。その狙いは「規模の利益」（scalemerit）と「範囲の利益」（scopemerit）をあげることにある。ライン機能から販売機構を分離し，地域分散的消費については単位店舗によって遂行させる。他方で販売機能やスタッフ機能を集権化して，経営の大規模化を図っていく。仕入と販売を分離したチェーン・ストアの経営方式を取り入れることにより，小売業として大規模化が可能となった。なお，「範囲の利益」とは多様な事業を同時に遂行することによって得られる利益，すなわち共通費の節約を指

している。それは，情報の収集・利用，PB商品の開発などによって発揮される。

チェーン・ストアはアメリカの食品小売業の分野において，1859年創業のA＆Pによって始められたものであり，19世紀末から年をおうごとに増加し始めた。さらにアメリカの他の小売業の分野においても，1920年代から30年代にかけて普及し，発展をみた。わが国でそれが本格的に増加し始めたのは1960年代で，各業種・業態に導入された。大規模化した企業は個々の商品に関する大量仕入あるいはPB商品の開発を通じて，メーカーに対してバイイング・パワーを行使し，交渉力を増加させている。

今日，チェーン・ストアの問題点は次の点である。チェーン・ストアはコスト吸収の点では独立店よりはるかに優位な立場にあるが，組織の肥大化に伴い官僚的にならざるを得ないというマイナス面をもっている。次にチェーン・ストアは規模の利益を享受することができるが，地域特性に合致した品揃えを行いにくい欠点がある。この場合，本部と各店舗の意思決定をいかに有効にコーディネートするかが課題である。さらに，競争状態や需要動向に応じた店舗ごとの価格政策やサービス提供を行いにくい。したがって，非個性的商品を中心に扱うものや，営業方法が標準化している業態には効果的であるが，主として個性的な商品を扱う業態には適していない。

3　ボランタリー・チェーン（Voluntary Chain, VC）

ボランタリー・チェーン（Voluntary Chain　以下「VC」と略す）は，資本面で独立した商業者が自発的に組織化を図り，協業化するチェーン組織のことを指している。わが国には二つのタイプのVCがある。卸売商が中心となって小売商を組織化する卸売商主宰のタイプと小売商が主宰者となって多数の小売商を組織化するタイプに大別できる。アメリカでは卸売商主宰のタイプをVCと呼び，多数の小売商を組織化したタイプをコーペラティブチェーン（Co-Operative Chain）と呼んでいる。VCにより，規模の経済を達成し，中央管理の下で各自は販売に専念できるメリットがある。具体的には共同仕入，共同物流，協同販売促進活動などによって共同化の利益を実現しようとするものである。

VCは1930年代のアメリカで，急成長するスーパーチェーンに対抗する手段として生み出された。わが国にVCを導入する契機となったのは，1966年頃から政府が流通近代化施策の一環としてVC化を推奨したことである。

ところで，今日VCはいくつかの問題点が顕在化してきている。たとえば，卸売商主宰VCの主たる機能は独立系小売業を支援する体制を確立することにあるが，その機能は徐々に加盟店に対する経営指導や売れ筋商品のタイムリーな供給へと変化してきている。また，加盟店に対する商品のフルライン化と高効率的な物流サービスの強化が求められている。しかしながら，卸売業は消費者に直接触れ合う機会が少ないため，消費市場の迅速かつ的確な動向が把握できない。そのため，加盟店を指導する体制が不備であったり，物流機能の脆弱性が問題となっている。さらに，商品のフルライン政策がとれなかったことも問題点である。小売商主宰VCについて見ると，商品仕入の本部集中率の低さが問題となっている。加盟店の独立性がかえってチェーン・システムの優位性の発揮を妨げかねないこととなり，近年はその伸長が鈍っている。ボランタリーという任意の連鎖組織では，加盟店に対して運営ルールを強制できないこともあって，集中化のメリットを発揮しにくくしている。

4 フランチャイズ・チェーン (Franchise Chains, FC)

フランチャイズ・チェーンは，フランチャイズ・システムに基づいて店舗展開する経営方式である。フランチャイズ・チェーンとは，他社にない有望な商品や販売方式を開発したフランチャイザー (franchiser) が本部組織を結成し，フランチャイジー (franchisee, 加盟店) に一定の対価であるロイヤリティ (経営指導料) や加盟料金を支払わせることで，特定地域における営業権 (franchise) を与えることである。本部企業はフランチャイズ契約に基づき，加盟店に対して商標，商号および事業経営のノウハウを提供する。したがって，加盟する者はその事業についての知識や経験がなくても，本部企業の指導と援助によって成功させることができる。このシステムは，中央統制が徹底している点でVCとは異なる特徴をもっているといえる。

フランチャイズ・チェーンは，アメリカのシンガー・ミシン社が南北戦争直後の1865年に展開したのが最初といわれている。その後1900年頃，自動車メーカーや石油精製業者をはじめとする多くの業界に広がり，1950年代以降爆発的に普及した。わが国への導入は1950年代のコカ・コーラボトラーズの設立が最初といわれている。その後急速に成長したのは，ファーストフード店やコンビニエンス・ストアのチェーン展開にともなってであった。マクドナルド・ハンバーガー，ミスター・ドーナツ，セブン-イレブンなどが日本における代表例である。

　今日，フランチャイズ・チェーンは中小企業振興策の大きな柱としての意義がある反面，主宰者が加盟店に不利な取引条件を課したり，過大なノルマを要求するなど，解決すべき点も多い。

第1章　小売機構と小売経営

[注]
1）田島義博，原田英生編著『ゼミナール流通入門』日本経済新聞社，1997年，pp.103-111。
2）清成忠男・矢作敏行編『改正大店舗法時代の流通』日本経済新聞社，1992年，pp.99-100。
3）原田英生・向山雅夫・渡辺達朗『ベーシック流通と商業』有斐閣，2002年，p.162。
4）鈴木安昭『新・流通と商業（改訂版第2補訂）』有斐閣，2002年，pp.161-162。
5）原田英生・向山雅夫・渡辺達朗，前掲書，pp.157-158。
6）石原武政・池尾恭一・佐藤善信『商業学（新版）』有斐閣，2002年，pp.151-152。
7）矢作敏行『コンビニエンス・ストア・システムの革新性』日本経済新聞社，1994年 pp.37-41。

[参考文献・資料]
1　田島義博，原田英生編著『ゼミナール流通入門』日本経済新聞社，1997年。
2　鈴木安昭『新・流通と商業（改訂版第2補訂）』有斐閣，2002年。
3　原田英生・向山雅夫・渡辺達朗『ベーシック流通と商業』有斐閣，2002年。
4　石原武政・池尾恭一・佐藤善信『商業学（新版）』有斐閣，2002年。
5　矢作敏行『コンビニエンス・ストア・システムの革新性』日本経済新聞社，1994年。
6　宮原義友編著『商学概論』同文館出版，2002年。
7　保田芳昭・加藤義忠編『現代流通入門（新版）』有斐閣，1994年。
8　久保村隆祐編著『商学通論（五訂版）』，同文舘出版，2002年。
9　伊藤文雄・江田三喜男・木綿良行・伊藤公一・川島行彦・西村文孝『現代商業学』有斐閣，1980年。
10　高嶋克義『現代商業学』有斐閣，2002年。
11　宮下正房『商業入門』中央経済社，2002年。
12　マーケティング史研究会編『流通産業史』同文館出版，2001年。
13　清水滋・宮下正房・原田一郎・住吉宏『流通入門（新版）』有斐閣，1989年。
14　鈴木豊『チェーンストアの知識』日本経済新聞社，2001年。
15　清成忠男・矢作敏行編『改正大店舗法時代の流通』日本経済新聞社，1992年。
16　国友隆一『コンビニが流通を変える』ダイヤモンド社，1998年。
17　鈴木豊『これからの流通がわかる事典』ＰＨＰ研究所，2001年。
18　日経ＭＪ（流通新聞）編『流通経済の手引』日本経済新聞社，2002年。
19　中小企業診断協会編『企業診断Vol.45　No5』同友館，1998年。

20 David Walters "Retailing Management, Analysis, Planning and Control" the macmillan Press ltd 1994.

　ディビッド・ウォルターズ（小西滋人・上野博・小西英行・小木紀親訳）『小売流通経営』同文舘出版，2002年。

第2章　卸売業と卸売機構

第1節　卸売業の概念と卸売機構

1　卸売業の概念

　卸売業の機能や分類，特徴，卸売機構を考察するにあたり，卸売業の概念を明らかにする。

　J.ダイヤモンドとG.ピンテル（Jay Diamond & Gerald Pintel）は，卸売業の定義についてAMAの定義を紹介しながら，小売業との違いについて次のように述べている[1]。

　AMAの定義では，卸売業とは，「商品を仕入れ，小売業者や他の商業者すなわち業者，機関，商業使用者に再販売する事業体である。しかし，大量であっても，かなりの量であっても，最終消費者には販売しない事業体である。」としている。

　卸売業と小売業の相違については，概ね次のように要約することができる。

① **市場の役割**

　小売業者は最終消費者の使用のために商品やサービスを販売する。卸売業者は商品の小売販売を目的とする小売業者（他の卸売業者）に販売する。

② 仕入の量

卸売業者は小売業者より多くの量を購入する。卸売業者は購買の機会を小売業者に提供する。

③ 経営の方法

卸売業者は離れた場所に倉庫を保有する。卸売業者は小売店に，販売員による注文とか電話注文とか通信販売によって商品を販売しているので，遠隔地でも差し支えない。小売業者は最終消費者に便利な地域で経営している。

④ 地域の役割

卸売業者の取引地域は小売業者より広範囲である。

⑤ 商品のコスト

卸売業者と小売業者が同じ製造業者から仕入れることがあるが，卸売業者は取引の性質上より安い価格で契約している。小売業者より多くの量を仕入れる。

大規模小売店は，卸売業者をバイパスして直接製造業者から仕入れ，利益を得る。

J.ダイヤモンドとG.ピンテルの卸売業の特徴を整理すると，卸売業は再販売をする小売業者（他の卸売業者）に販売する役割，仕入は大量であること，倉庫を保有すること，取引地域が広いこと，安い価格で契約することに要約される。

わが国の卸売業の概念については，三上富三郎の所説を吟味することによって明確にしたい[2]。三上は「卸売とは，再販売業者または業務用使用者に対する商品の販売をいい，卸売取引または卸売活動とはこれらの関係業者ないし使用者間の売買を含む営業活動である」と定義し，概ね次のように小売と比較して論述している。(1)卸売（wholesaling）は卸売販売に限定し，卸売取引（wholesale trade）ないし卸売活動（wholesale activities）は販売と購買とこれに伴う営業活動を含むものと考え区別する。(2)卸売の特性を販売の相手方に求める。小売の場合は最終消費者である。卸売は最終消費者以外のものに対するすべての販売である。(3)一般的に取引量は卸売が大量取引であり，小売は少量であるが，本質的な区分ではない。(4)営業方法では小売販売は最終消費者に対し

て店頭販売が行われ，取引上の割引が考慮されない。これに対して，卸売は最終消費者に販売せず，店頭で販売されるとも限らない。業者割引，数量割引などが行われるがこれも本質的な区分でない。(5)相手方の購買動機である。卸売の場合は学校などの非営利目的も含まれ業務目的である。もちろんレストランなどは利潤目的である。小売の場合は個人的使用と消費満足である。(6)小売以外（製造業者や農家などの生産者）の行う販売であっても，それが前記卸売取引の範疇には入るが，卸売（卸売販売）には含めない。

以上のような卸売の概念から卸売を広義的解釈，狭義的解釈，中間的解釈ができるとしている。広義的解釈は上記(6)に示した生産者の販売を含むものであり，狭義的解釈は卸売商業者が小売業者に対する販売に限定しようとするものである。中間的解釈は，広義的解釈の卸売から，製造業者自体，または鉱山業者，農業者などの直接生産者からの販売を除く方式である。これは商業統計などに用いられている。

J. ダイヤモンドとG. ピンテルや三上の定義から卸売業の基本的な特徴を要約すると，販売の相手が最終消費者以外であること，販売相手の購買動機が利潤目的であり業務的であることが本質的な特性である。また卸売の解釈では三上の中間的解釈に妥当性を見いだしこの見解に従う。

参考までに平成14年商業統計速報（卸売・小売業）による卸売業の用語と産業分類を示すと次のようになっている。

卸売業とは主として次の業務を行うものとしている。

① 小売業者又は他の卸売業者に商品を販売する。
② 産業用使用者（建設業，製造業，運輸業，飲食店，宿泊業，病院，学校，官公庁等）に業務用として商品を大量または多額に販売する。
③ 主として業務用に使用される商品（事務用機械及び家具，病院・美容院・レストラン・ホテルなどの設備），産業用機械（農業用器具を除く），建設材料（木材，セメント，板ガラス，かわらなど）などを販売する。
④ 製造業者の会社が別の場所に経営している自社製品の販売事業所（主として総括的・管理的事務を行っている事業所を除く）例えば，家電メーカーの

支店，営業所が自社製品を問屋などに販売する。
⑤ 商品を卸売し，かつ同種商品の修理を行う場合でも，修理料収入の方が多くても同種商品を販売している場合は修理業でなく卸売業とする。
⑥ 「代理商，仲立業」とは，主として手数料を得て他の事業所のために商品の売買の代理または仲立を行う。代理商，仲立業には，一般的に買継商，仲買人，農作物集荷業と呼ばれている事業所が含まれる。

卸売業の産業分類は図表2－1次のようになっている。

図表2－1 卸売業の分類

49	各種商品卸売業
	各種商品（従業員が常時100人以上のもの）
	その他の各種商品
50	繊維・衣服等卸売業
	繊維品（衣服，身の回り品を除く）
	衣服，身の回り品
51	飲食料品卸売業
	農畜産物・水産物
	食料・飲料
52	建築材料，鉱物・金属材料等卸売業
	建築材料
	化学製品
	鉱物・金属材料
	再生資源
53	機械器具卸売業
	一般機械器具
	自動車
	電気機械器具
	その他の機械器具
54	その他の卸売業
	家具・建具・じゅう器等
	医薬品・化粧品等
	他に分類されない

2　卸売機構の意味

　三上富三郎は卸売機構 (Wholesaling structure) を，諸種の卸売機関 (Wholesale establishments) の集合体であるとしている。卸売機関には卸売商業者（卸売商：第3節で述べる），卸売市場，製造業者の営業所・販売会社，商社，代理店・ブローカー，集荷業者，協同組合（商工協同組合，農業協同組合），などをあげている。卸売市場などの卸売機関については第4節で論述する。

　卸売機関としての卸売商業者または卸売商 (Wholesaler, Merchant Wholesaler, Wholesale Middleman) には (1) 一般卸売商業者（完全機能卸売商），(2) 限定機能卸売商業者，(3) 代理商がある。一般卸売商業者（完全機能卸売商）は主要な卸売機能のすべてを遂行している。一般卸売商業者では問屋と卸商の区分について問題となる。この点について三上富三郎は平井泰太郎と鈴木保良の所説を考察されたのち，商法第551条（問屋トハ自己ノ名ヲ以テ他人ノ為ニ物品ノ販売又ハ買入ヲ為スヲ業トスル者ヲ謂フ）規定が引っかかるとしながらも，5項目の根拠から問屋と卸商との間に区別を設ける理由はないとしている[3]。一般的に商法では所有権を持たず売買の代理行為を行い，手数料を得る業者だけを問屋としている。区別する場合には「商法上の問屋」と呼ぶことが多いようである[4]。

第2節　卸売業の機能と存在意義

　卸売業は商品流通の中核をなしている。すなわち消費財は基本的に生産者→卸売業→小売業→消費者へと流通している。卸売業は生産者に対する役割と小売業者に対する役割がある。

1　卸売業の機能

　卸売業の機能について，P．コトラー (Philip Kotler)，三上富三郎，桐田尚作の所説を検討することにする。まず，P．コトラーとG．アームストロングは，卸売業の機能を以下の九つ上げている[5]。

① 販売とプロモーション：卸売業者の販売は，製造業者の商品を顧客に業者割引などの低価格で提供し援助している。卸売業者は，製造業者よりも身近であり購買者に信頼されている。
② 仕入れと品揃えの形成：卸売業者は商品を選択して顧客に必要とされる品揃えをする。それゆえ，顧客の仕事量を節約する。
③ 小口分散：卸売業者は貨車1輛分を仕入れ小口分散することによって，顧客の経費を節減する。
④ 保管：卸売業は在庫を保有する。それで供給業者と顧客の在庫コストとリスクを減少する。
⑤ 輸送：卸売業者は購買者に早く配達する。
⑥ 金融：卸売業者は信用を与えることによって顧客に金融の援助をする。また，供給業者に早く注文し，期日どおりに支払いをすることによって資金を援助する。
⑦ 危険負担：卸売業者は所有権を取得し，窃盗，損傷，腐敗によるコストなどの危険を負担する。
⑧ 市場情報：卸売業者は競合他社，新製品，価格の動向などを供給業者と顧客に情報を提供する。
⑨ 経営管理のサービスとアドバイス：卸売業者は販売員を訓練し，店のレイアウトやディスプレイを改善して，小売業者を支援する。また，経理と在庫のコントロールシステムをサポートする。

次に，三上富三郎は卸売業の機能について，①需給調整機能を10項目，②生産者指導・援助機能を7項目，③顧客指導・援助機能を7項目とそれぞれ詳しく論述している[6]。

最後に，桐田尚作は卸売業の機能として，①ストックを保有し，信用を供与し，得意先関係を保持すること。②生産された商品を市場性のある形態および大きさに選別したり組み合わせたりするいわゆる商品の標準化を行うこと。③情報提供と市場調査を行うこと。④販売すべき商品を生産地から消費地へ輸送すること等をあげている[7]。

以上，P.コトラー，三上，桐田の卸売機能を考察してきたが，現在の卸売業の機能には需給調整機能，集荷機能，分散機能，情報コミュニケーション機能，リテールサポート，商品開発機能にまとめることができる。

2　卸売業の存在意義

卸売業は生産者と最終消費者以外の購買者である小売業者や卸売業者間の商品流通の需給調整機能を果たしている。生産者から商品を仕入れ保管して，小売店に品揃えと小口分散を行っている。生産者に対して小売業の売れ筋商品の情報提供や小売業には生産者の新商品情報を提供して販売プロモーションを行い，小売店に経営指導などの支援等を行っている。このように卸売業は流通において重要な役割を果たしているが，小売業者の大型化と生産者と小売業の提携システム，消費低迷と競合の激化で商品販売の減収により中間流通コストの削減が課題となっている。情報化の進展で生産と販売を結ぶシステムも構築され，改めて卸売業の役割が問題となっている。

卸売業は流通活動にとって重要な役割を果たし社会的に貢献している。卸売業の存在意義については，「卸売商の存立根拠論」が認められている[8]。

(1) 取引総数最小化の原理[9]

卸売業の介在によって生産者が多数の小売業と取引する場合に比べて取引総数が減少することを指摘している。この原理は小売業の存立根拠でもある。卸売業に特有な存立根拠とするためには，介在する卸売業が小売業に比べて小数，大規模であることを条件づけて考えなければならない。

P. Kotler, G. Armstrongは中間商業者（Middlemen）の必要性について次のように解説している。

図表2－2のA部は3人の製造業者の各々が3人の顧客と直接取引する場合を示したものである。この場合の取引回数は9回である。B部は3人の製造業者が1人の中間商業者を通じて顧客と取引している。このシステムでの取引回数は6回となる。

このようにして，中間商業者は生産者と消費者の両方のなさねばならない仕

事の量を減らしている。

図表2－2　取引総数最小化の原理

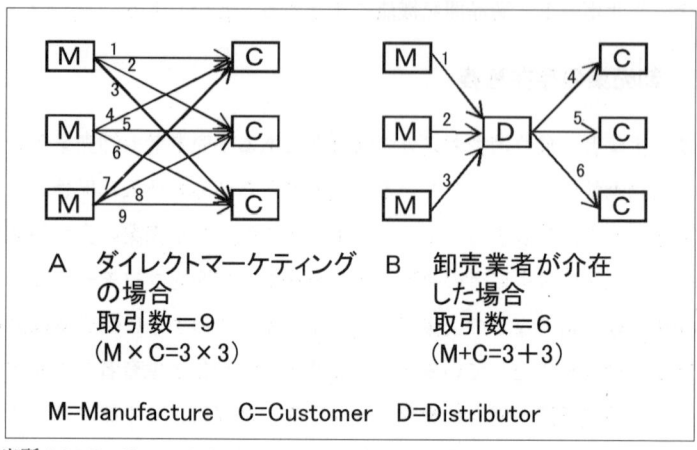

```
A  ダイレクトマーケティング    B  卸売業者が介在
   の場合                          した場合
   取引数＝9                       取引数＝6
   （M×C=3×3）                   （M+C=3＋3）

     M=Manufacture    C=Customer    D=Distributor
```

出所：Philip Kotler & Gary Armstrong, Marketing in Introduction, 2nd ed., Prentice-Hall, 1990, pp.325.（Figure 13-1）

(2) 不確実性プールの原理[10]

　生産および消費の不確実性に対処するための在庫保有の必要量は個々の小売業者によって分散的に保有される場合よりも卸売業によって集中的に保有される場合のほうが全体として小さくなることを指摘している。

　図表2－3のA部のように，10社の小売業者がある生産者の商品を欠陥の起こらないようにそれぞれ500個ずつ在庫を備えると10社×500個＝5,000個の在庫量が生じる。B部のように卸売業者が介在し1,000個在庫を保有するとすれば，個々の小売業者の在庫量は100個程度で十分であり，在庫量は2,000個［(100個×10社)＋1,000個)］となり，流通段階に必要な在庫量は減少する。

図表2-3　不確実性プールの原理

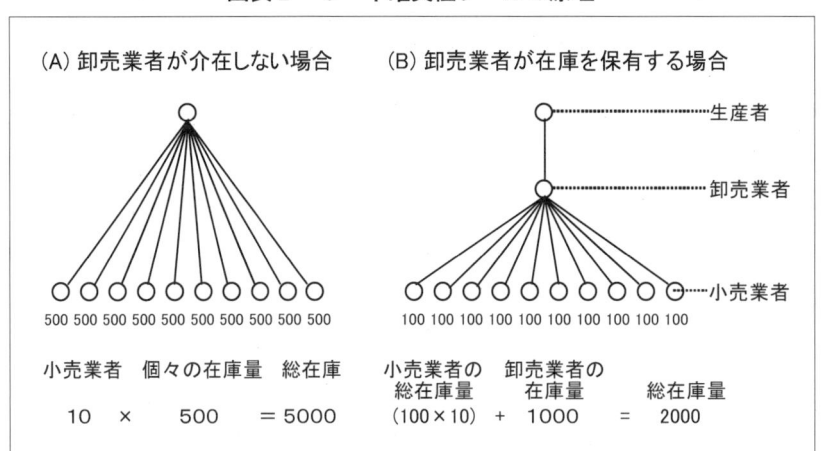

(A) 卸売業者が介在しない場合　　(B) 卸売業者が在庫を保有する場合

　　　　　　　　　　　　　　　　　　　　　　　　　　　生産者
　　　　　　　　　　　　　　　　　　　　　　　　　　　卸売業者
　　　　　　　　　　　　　　　　　　　　　　　　　　　小売業者
500 500 500 500 500 500 500 500 500 500　　100 100 100 100 100 100 100 100 100 100

小売業者　個々の在庫量　総在庫　　　小売業者の　　卸売業者の
　　　　　　　　　　　　　　　　　総在庫量　　　在庫量　　　　総在庫量
10　　×　　　500　　＝5000　　（100×10）　＋　1000　　＝　2000

出所：野口智雄『ビジュアルマーケティングの基本』
　　　（日本経済新聞社，1994年），p.123。

第3節　卸売業の分類と特徴

1　卸売業の分類とその内容

卸売業は流通経路に位置するものであるが，いろいろの基準で分類される[11]。

(1) 遂行する機能による分類

① **収集卸売商**：農水産物や中小メーカーの工業製品を産地で収集し，仲継機関や分散機関に出荷することを機能とする卸売商（農業協同組，生産地問屋，産地問屋など）。

② **仲継卸売商**：市場が大きく，収集卸売商と分散卸売商との直接取引が行われにくい場合，その仲継ぎを機能とする卸売商（集散地問屋，消費地問屋，生鮮卸売市場における卸売商，貿易商社など）。

③ **分散卸売商**：産地問屋や集散地問屋などから出荷される商品や，大規模メーカーの工業製品を小売商や産業用使用者に販売することを機能とする卸売商で，一般的に卸売商といえばこれをさす。

これらを図示すれば次のようになる。

図表2－4　小規模生産・小規模消費

収集機関　　仲継機関　　分散機関

生産者　収集卸売商　仲継卸売商　分散卸売商　小売商　消費者
　　　　（地方仲買人）　　　　　　（問屋,卸売高）

（地方問屋）

出所：外山源衛・大橋信定『商業一般教科書』国元書房，1971年，p.4。

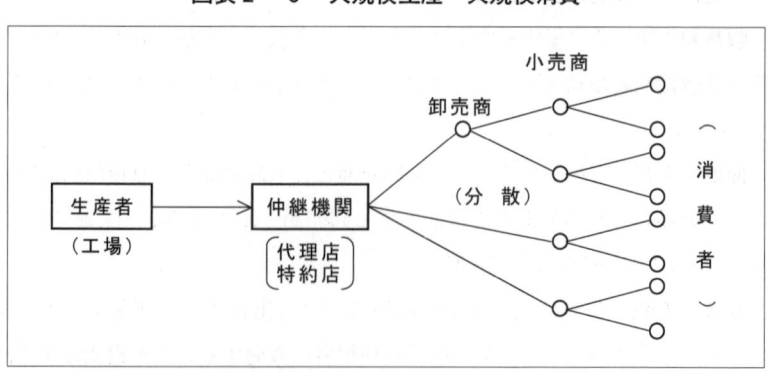

図表2－5　大規模生産・大規模消費

生産者　→　仲継機関　　卸売商　小売商　　（消費者）
（工場）　　〔代理店　　（分　散）
　　　　　　特約店〕

出所：外山源衛・大橋信定『同上書』p.5。

40

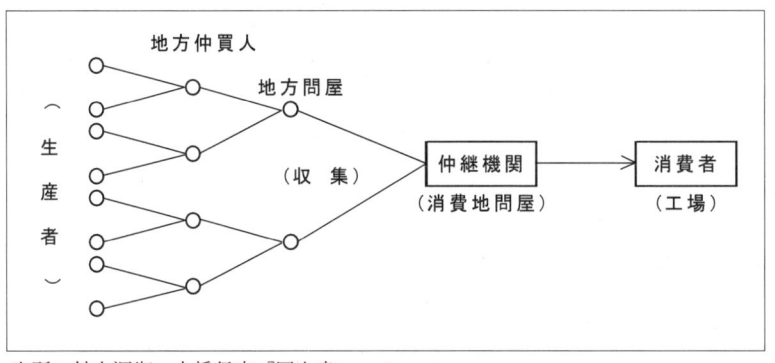

図表2－6　小規模生産・大規模消費

```
（生産者）──地方仲買人──地方問屋（収集）──仲継機関（消費地問屋）──→消費者（工場）
```

出所：外山源衛・大橋信定『同上書』p.5。

(2)　**商圏の広さを基準にした分類**

① **全国卸売商**：東京，大阪，名古屋などに本拠を構え，全国的に多店舗展開を行って，広範な地域を商圏とする卸売商。

② **地域卸売商**：拠点都市に立地し，東北，中国，九州といった地域を商圏とする卸売商。

③ **地方卸売商**：都道府県内というように限られた地域を商圏とする卸売商。

(3)　**流通段階の違いを基準にした分類**

図表2－7を見ると流通段階では，第一次卸と第二次卸，その他の卸と大きく三つに分け，さらに第一次卸を直取引卸，元卸に分類し，第二次卸を中間卸と最終卸の二つに分けている。その他の卸を販売先が同一企業内である卸，仕入先が同一企業内である卸，自店内製造品を販売する卸の三つに類型化している。

流通経路の主な仕入れ先をみると，①生産業者から仕入れ，②国外から仕入れ，③卸売業者から仕入れ，④同一企業内の本支店から仕入れ，⑤自店内製造から仕入れに区別し，販売先を，①産業用，業務用使用者へ販売，②国外へ販売，③小売業者へ販売，④卸売業者へ販売，⑤同一企業内の本支店へ販売などに分けて，それぞれ仕入れ先と販売先を関係づけていることが分かる。

図表 2－7 流通段階と流通経路の関係

流通段階		流通経路	
		仕入先	販売先
第1次卸	直取引卸 ┌ 他部門直接卸 　　　　　　取引先か他の産業 　　　　　　である直取引卸	生産業者から仕入れ 生産業者から仕入れ 国外から仕入れ 国外から仕入れ	産業用使用者へ販売 国外へ販売 業用使用者へ販売 国外へ販売
	└ 小売直取引卸 　　　　　　販売先が小売業者 　　　　　　である直取引卸	生産業者から仕入れ 国外から仕入れ	小売業者へ販売 小売業者へ販売
	元　卸	生産業者から仕入れ 国外から仕入れ	卸売業者へ販売 卸売業者へ販売
第2次卸	中間卸	卸売業者から仕入れ	卸売業者へ販売
	最終卸	卸売業者から仕入れ 卸売業者から仕入れ 卸売業者から仕入れ	産業用使用者へ販売 国外へ販売 小売業者へ販売
その他の卸	販売先が 同一企業内である 卸	生産業者から仕入れ 生産業者のうち親会社から仕入れ 生産業者のうち 　その他の生産業者から仕入れ 卸売業者から仕入れ 国外から仕入れ	同一企業内の本支店へ販売 同一企業内の本支店へ販売 同一企業内の本支店へ販売 同一企業内の本支店へ販売 同一企業内の本支店へ販売
	仕入先が 同一企業内である 卸	同一企業内の本支店から仕入れ 同一企業内の本支店から仕入れ 同一企業内の本支店から仕入れ 同一企業内の本支店から仕入れ 同一企業内の本支店から仕入れ	同一企業内の本支店へ販売 卸売業者へ販売 産業用使用者へ販売 国外へ販売 小売業者へ販売
	自店内製造品を 販売する卸	自店内製造から仕入れ 自店内製造から仕入れ 自店内製造から仕入れ 自店内製造から仕入れ 自店内製造から仕入れ	同一企業内の本支店へ販売 卸売業者へ販売 産業用使用者へ販売 国外へ販売 小売業者へ販売

出所：平成 9 年商業統計表流通経路別統計編（卸売業）p.8。

(4) 機能を基準にした分類

　商品の法的所有を行うかどうかによって，(1)マーチャント・ホールセラー（merchant wholesaler）＝法的所有をするもの，(2)コミッション・マーチャント（commision merchant）＝法的所有をしないものに大別される。

　マーチャント・ホールセラー（merchant wholesaler）は次のように分類できる。

```
┌─問屋──┬──全機能卸売業
│       └──限定機能卸売業：キャッシュ・アンド・キャリー，通信販売
│              卸売業，ワゴン・ディストリビューター，サービスマーチャ
│              ンダイザー，その他
├─販売会社
├─チェーン本部
├─商社
└─その他
```

コミッション・マーチャント（commision merchant）は売買の代理・仲介を行い，売買が成立したときコミッション（仲介料）をとる卸売業。自らは商品の法的所有をしない。仲立・代理商には次のようなものをあげている。

① **せり代理商**：荷主の委託を受けてせりを行い，販売高に応じて手数料を受け取る。
② **ブローカー**：ある一定地域の販売委託を受け，売り込みを行い，売り上げに応じて手数料を受け取る。商品は一切手にしない。
③ **コミッション代理商**：委託によって商品を在庫し，販売活動を展開してコミッションを受け取る。
④ **輸出入代理商**：輸出入の活動をコミッションを得て代行する。
⑤ **販売代理商**：ある特定メーカーの販売代行を手数料を得て行う。
⑥ **購買代理商**：ある一定地区の購入者の委託を受け，コミッションを得て買い付け活動を行う。
⑦ **メーカー代理商**：少数のメーカーの販売代行を手数料を得て行う。

(5) その他

(1)商品構成基準として，①単品卸，②専門卸，③複合卸，④総合卸，(2)立地基準として，①産地卸，②集散地卸，③消費地卸，(3)扱っている商品によって①生産財卸売業（業種別：繊維品，化学製品，再生資源，鉱物・金属材料），②消費財卸売業（業種別：農畜産物・水産物，食料・飲料，医薬品・化粧品など，家具・建具・什器など，衣服・身の回り品，その他），③資本財卸売業（建築材料，機械器具）が

ある。

2　卸売業の特徴

イバンスとバーマン（Joel R. Evans & Barry Barman）は，卸売業をＡ内部卸売業とＢ外部卸売業の二つに分けている[12]。

外部卸売業者は機能による分類で，①マーチャント・ホールセリング：商品の法的所有を行うものと，②商品の法的所有をしないコミッション・マーチャントの仲立商・代理商の二つのグループに分けている。さらにマーチャント・ホールセリングには，(イ)卸売業としての機能を総合的に所有しているフル・サービス卸売業と，(ロ)一部の機能をもたないものあるいは一部の機能を専門化した限定サービス卸売業とに分類している。これらをまとめると図表2－8の

図表2－8　卸売業の分類

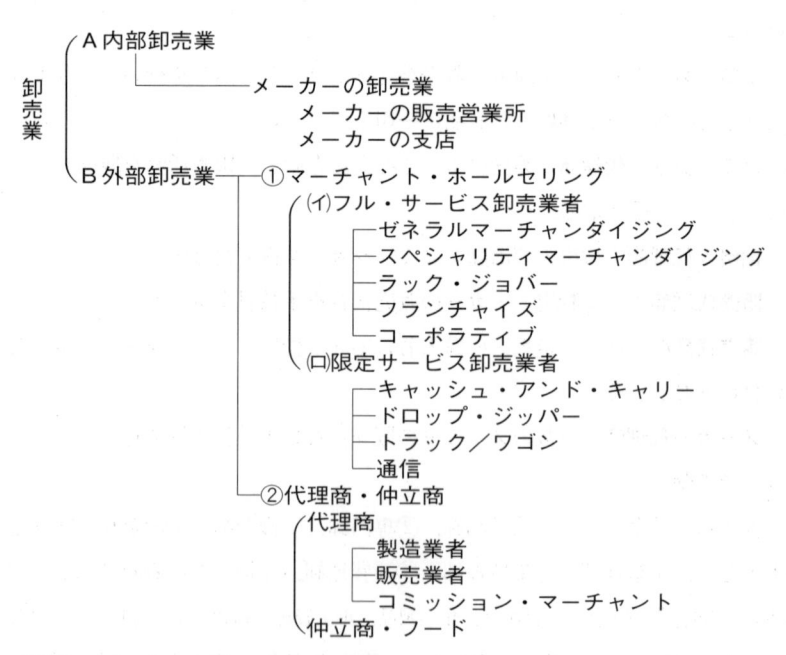

```
         ┌ Ａ内部卸売業
         │     ├─ メーカーの卸売業
         │     │   メーカーの販売営業所
卸         │     │   メーカーの支店
売        │
業         └ Ｂ外部卸売業 ─┬ ①マーチャント・ホールセリング
                         │    ┌(イ)フル・サービス卸売業者
                         │    │   ├─ ゼネラルマーチャンダイジング
                         │    │   ├─ スペシャリティマーチャンダイジング
                         │    │   ├─ ラック・ジョバー
                         │    │   ├─ フランチャイズ
                         │    │   └─ コーポラティブ
                         │    └(ロ)限定サービス卸売業者
                         │        ├─ キャッシュ・アンド・キャリー
                         │        ├─ ドロップ・ジッパー
                         │        ├─ トラック／ワゴン
                         │        └─ 通信
                         └ ②代理商・仲立商
                              ┌ 代理商
                              │   ├─ 製造業者
                              │   ├─ 販売業者
                              │   └─ コミッション・マーチャント
                              └ 仲立商・フード
```

出所：Jloel R. Evans, Barry Berman, "Principles of marketing" 2nd ed., Macmillan Publishing, 1988, p.250（Figure10-1）

第2章　卸売業と卸売機構

ようになる。

　これらの外部卸売業としての独立卸売業者の主な機能を，①信用供与，②店と配達業者，商品，③商品に対する所有権，④マーチャンダイジングの支援・プロモーションの援助，⑤人的販売の支援，⑥調査とプランニングの実施，そして特別な特徴について図表2－9のように整理している。

図表2－9　卸売業の特徴

卸売業者の型			主な機能					特徴
			信用供与	店と配達業者・商品	商品の所有権を得る	マーチャンダイジングと促進援助	人的販売の支援	調査と企画の実施	
Ⅰマーチャント・ホールセリング	Aフル・サービス	1 一般商品	はい	はい	はい	はい	はい	はい	普通顧客によって必要とされるほとんどあらゆる品物を扱う
		2 専門商品	はい	はい	はい	はい	はい	はい	狭い範囲の製品，広い品揃えに専門化
		3 車積配達卸売商	はい	はい	はい	はい	はい	はい	備品あみと棚，委託販売
		4 独占権	はい	はい	はい	はい	はい	はい	普通の営利の型を利用
		5 組合 a 生産者所有	はい	はい	はい	はい	はい	はい	農民管理組合員に利益配分
		b 小売業者所有	はい	はい	はい	はい	はい	はい	2，3の小売業者によって所有される卸売
	B限定サービス	1 現金持ち帰り	いいえ	店配達しない	はい	いいえ	いいえ	いいえ	外部の販売力など営利必要のための卸売業者
		2 直送卸売商	はい	配達業者保管しない	はい	いいえ	はい	時々	物理的に品物を扱わない品種を船積み
		3 トラック／ワゴン	まれ	はい	はい	はい	はい	時々	同じ電話による販売と配達
		4 通信販売	まれ	はい	はい	いいえ	いいえ	時々	唯一の販促用具としてカタログを使用
Ⅱ代理商と仲立商	A代理商	1 製造業者	いいえ	時々	いいえ	はい	はい	時々	2，3の製造業者のため選ばれた品物を販売
		2 販売業者	時々	はい	いいえ	はい	はい	はい	製造業者のあらゆる商品を市場流通
		3 手数料(要素)商人	時々	はい	いいえ	はい	はい	時々	委託販売基準で商品を扱う
	B仲立商	1 食料品	いいえ	時々	いいえ	はい	はい	はい	仕入人と販売人と同時に連れてくる

出所：Joel R. Evans & Barry Barman, op., cit, p.251（Table10-11）

第4節　主な卸売機関

1　卸売市場 [13]

　卸売市場とは，青果物・鮮魚・食肉など生鮮食料品を中心に需要者と供給者を接合し，セリによって大量の商品を短期間のうちに迅速，正確，公正に価格を決め，取引を行うために制度化された市場である。全国の産地から大量単品目の生鮮食料品などを集荷し，これを少量多品目に早く，効率的に分荷している。今日では卸売予定数量・販売結果などの需要に関する情報を産地や小売業に情報を受発信している。

　卸売市場には「中央卸売市場」と「地方卸売市場」がある。

(1)　中央卸売市場

　中央卸売市場は，生鮮食料品等（野菜，果実，魚類，肉類，切花）を大都市の生活者に供給し，価格の安定を図るため1923年中央卸売市場法に基づいて制定された。経済環境の変化に対応して，1971年「卸売市場法」が制定され，旧法は廃止された。人口20万人以上の地方公共団体（都，市）に限られ，農林水産大臣の許可を受けて開設される[14]。

　市場では青果・水産・花き・食肉などが扱われている。

　中央卸売市場の売買参加者の関係を示すと図表2－10のようになる。

　①卸売業者は，生産者や出荷団体や輸入業者より販売の委託を受けて，商品を仲卸業者や売買参加者にせり売りまたは入札，相対取引の方法で販売することによって，手数料を差し引いてその残額を委託者に支払う商業者である。

　②仲卸業者（仲卸人・仲買人）は，卸売市場で青果物を品質によって類別し，せりに参加することによって価格を形成し，これを小売商や売買参加者に相対売買で，市場内の自己の売場で販売する卸売業者のことである。

　③売買参加者とは，開設者の許可を受け，直接卸売人から商品を買い付けることのできる大口需要や特定の業者（スーパーなど）である。

　近年，こうした委託売買方式やせり売り形式は中間に多くの業者が介在する，

重複輸送がなされる。価格が高値に安定しがちなどのデメリットが強調されることに加え，産地の大型化，大規模小売業など流通条件の変化もあって，卸売市場を経由しない，いわゆる"市場外流通"の動きも活発化している。インターネットを利用した産地直売方式もあり，これにより流通経費を節約し，消費者に新鮮な商品を提供する一方で，生産者に手取金を引き上げようとするものである。そこで卸売市場自体も，せり方式の改善，集荷力の強化，場内物流の効率化などに取り組んでいる。出荷団体とは，農業協同組合・漁業協同組合・工業協同組合・出荷組合等をいう。集荷業者とは農作物や海産物を扱う産地仲買人である。「青果」や「花き」の小売業者の多くは，売買参加者の資格を有しており，せりに参加して購入している。「水産」で売買参加者の資格を有して

図表2－10　中央卸売市場のシステム（水産物・青果物・花き）

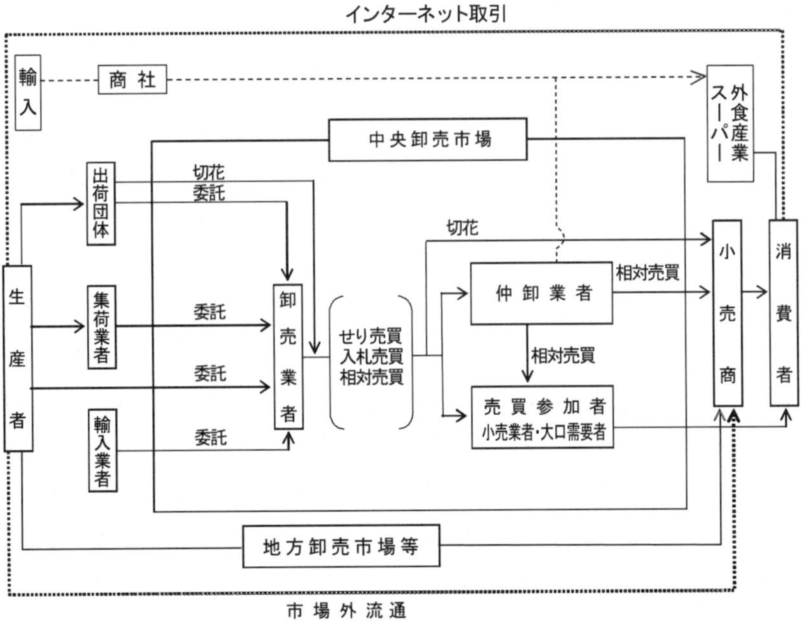

出所：東京都中央卸売市場『事業概要（平成14年度版）』2003年，p.2。と埼玉県農林部
　　　農作物安全課『埼玉県卸市場　平成14年度』2003年6月，p.13を参考に作成。

いるものは，大口消費者・加工業者・量販店等であり，一般の小売商は仲卸業者から購入している。

④せり売買は一人の売手が二人以上の多数の買手に口頭，手振りで相互に価格をせりあわせて，高い価格の買手に売り渡す方法である。相対売買は一人の売手と一人の買手との間で売買がなされる方法である。一人の買手が二人以上の売手に販売価格を申し込ませ，最低の価格をつけた買手から購入したり，一人の売手が二人以上の多数の買手に購入価格を申し込ませ，最高価格をつけた買手に販売する。この場合，書面に価格を記載することを入札と言い価格が決まることを落札という。

(2) 地方卸売市場

地方卸売市場の開設主体は株式会社，漁協，地方公共団体，事業協同組合，その他の会社，農協，個人，第3セクター，任意組合である[15]。地方卸売市場の施設（卸売場）の最低規模（卸売市場法施行令第2条）は青果物330m^2，花き200m^2と定められている。

地方卸売市場は，集荷をおもな業務とする産地市場と，小売業者への分荷を主たる業務とする消費地市場に分けることができる。産地市場は中央卸売市場や地方消費地市場に向けて商品を配送する。

2　特約店[16]

特約店とは，工業製品のメーカーが，ある一定の地域における独占的な販売権利などの特典を卸商あるいは小売商に与え，メーカーの販売組織に組み込まれた問屋のことである。メーカーが自社の有標品（ブランド商品）を販売促進する目的で行うものである。この制度により，メーカーは流通経路の系列化を図るとともに，リベート制，建値制によるメーカー希望小売価格の提示などとの併用により流通段階の価格をコントロールすることができる。特約店の機能としては，メーカーに代わって販売，保管，配送，情報活動を行う。

代理店と特約店制度との間に法律の区分はなく，メーカーのなかには，一次問屋を代理店，二次問屋を特約店と呼ぶ場合もある。

特約店には，専売制特約店と非専売特約店とがある。専売制特約店は，契約メーカーの商品しか取り扱うことができないが，非専売特約店では，契約メーカー以外の商品も取り扱うことができる。

取引の仕組みは，まず価格はメーカーが決定する（メーカー建値）。この内容はメーカーの卸売価格だけでなく，小売価格まで含むことがある。ただし，独占禁止法で再販売価格維持が記されている品目（法定再販：例えば出版物）を除き価格に拘束力を持たせることは独占禁止法で禁止されている。

近年，メーカーと特約店の関係は流通における機能分業が進行している。

3　販売会社 [17]

販社とは，販売会社の略称で，ディーラー，流通系列化，系列販売と呼ばれる化粧品，カメラ，自動車，家電などの消費財やOA機器，鉄，石油製品の資本財に見られる流通システムである。専属卸契約による系列化とメーカーの資本参加による系列化のタイプがある。

このシステムは，特約店におけるメーカーの流通支配を強化したものである。昭和30年代から40年代，50年代にかけて，寡占的大規模メーカーが，自社製品を大量に流通するために，卸売業者を専属契約や資本参加によって，卸売業者を系列販売会社にし，一地域（テリトリー）一販売会社として地域の物流やエリア・マーケティングの拠点として展開してきた，日本型問屋である。販売会社はメーカーと別の会社であるが，メーカーの意向が経営に反映される。

メーカーと販社の役割分担を見ると，メーカーが研究開発，生産，広告宣伝，販売促進，物流を担当し，販社が小売店への販売，ディーラーヘルプス（店頭陳列，売り場指導等），代金回収，市場情報の収集などを行っている。

販社のメリット・デメリットをみると，メリットでは，①中間段階のマージンが少なくてすむ，②販売費が減少する，③経営が安定する，④生産と販売の調整がしやすい，⑤配置・保管等の物流の効率化ができる，⑥品質管理が完全にできる，⑦生産と物流の調整が可能になる，⑧流通在庫管理が改善できる，⑨末端情報がとりやすい，⑩中間段階の従業員確保がしやすい，デメリットで

は，①管理限界をこえる恐れがある，②経営が硬直化する，③多様化に制限を生じる，④革新性が阻害される，⑤在庫増の危険負担が増す，⑥専門化しにくくなる，⑦政府・消費者からにらまれやすい，⑧資本・資金を余計に必要とする，⑨中間段階の効率が下がる恐れがある，といったことがあげられる。

4 販売代理店 [18]

このシステムは，卸売商業者が主導権を持っており，メーカーが外国企業や国内の中小企業であるため国内流通が十分でないため，総合商社や専門商社などがメーカーに代わって販売，保管，地域市場全体の動向を把握する市場情報収集活動や需要開拓するなどして商品を流通するものである。輸入商品の多くはこのシステムによっている。

5 商　　社 [19]

卸売業者のうち，貿易を主とするものを商社，または貿易商社という。商社には，輸入商社，専門商社，総合商社に分けられる。総合商社は世界市場を対象に繊維等の素材から食料や機械まで他種類の商品の売買仲介はもとより資源開発，運送，保管等を業務内容としている。最近，インターネット市場によりメーカーと小売店の両方に支援を積極的に行っている。通常，三井物産，伊藤忠商事，住友商事，三菱商事，丸紅，日商岩井，トーメン，ニチメン，を八大商社といっている。総合商社の特徴は，取引先企業の前渡金，輸入ユーザンス，過剰在庫品の買上げ，資源の開発に際しての投融資，債務保証などの「金融機能」，世界各地に張り巡らされた情報網と機敏な情報分析によるマーケティングなどの「情報機能」，業種・活動領域の違う企業を一つのプロジェクトのために結合し，種々のリスクを分散する「オーガナイザー (organizer：組織者・世話人) 機能」，取引機能 (輸出・輸入・三国貿易)，在庫機能 (需給ギャップの調整) をあげることができる。

商社は国際化について，①海外投資，②三国間貿易，③プラント輸出を拡充している。①海外投資として，鉄鋼，機電，燃料，化学，食糧品，繊維，建設

の各分野に投資をする。②三国間貿易は，海外支店網を利用した情報機能により，国際相場商品の需給アンバランスを調整する。現在，途上国での低賃金など有利な条件を利用して製品開発を行い，先進国に輸出したり，自動車部品を最も適した各国で分担生産する方法を試みている。③プラント輸出は自動車，鉄鋼に次ぐ輸出品である。プラントは知識集約商品であり，他産業への波及効果も大きく，貿易摩擦も生じさせないので輸出商品として有望である。

商社も情報通信の進展により，貿易，国内取引から投融資事業に変化しつつある。アジアビジネスの拡大のため，三角貿易から現地での市場進出も活発化している。また，最先端技術のバイオテクノロジーやナノテクノロジーへの研究開発にも取り組んでいる。

専門商社は特定の商品の輸出入により成長してきたが，総合商社や生産者が業務を拡大しつつあり，マーチャンダイジングの充実，海外市場での情報ネットワークの拡大と市場開拓，物流等の体質改善が求められている。

6　製造卸 [20]

自社で製造設備はもたないけれど，自社ブランドによる自社企画商品を設定し，付加価値をつけて高い商品をつくりあげている卸売業のことである。繊維のオンワード樫山等が代表的な例である。

7　現金払い持ち帰り制卸：現金問屋 [21]

小売業者または業務用利用者が来店して，一括現金払い，持ち帰り方式である。営業マンの訪問や輸送業務を省いている分安く販売できるシステムになっている。限定機能卸売業の一形態である。肌着などの衣料品，菓子などの加工食品，家電の商品に見られる。また，倒産したメーカーの在庫処分品，見切り品など独自の仕入れで安く購入して，安い価格で販売する卸売業のことを現金問屋と呼んでいる。

8　卸商業団地と卸センター 22)

　卸商業団地と卸センターは，1963年に卸商業団地制度（中小企業卸売業店舗集団化助成制度）によって発足した。中小卸売企業が20社以上で協同組合を設立し，集団化と共同施設事業の実施を条件に，中小企業振興事業団の店舗など集団化事業に基づく指導と助成を受け，計画的に実施された。経営近代化と地域の流通機能の高度化，地域物流を図るため，中小の卸売業が地域的に集団化し，一種の企業団地を構成し，水平的協業を行うことによって事業を共同化，協業化するため集団移転した施設である。同業種卸団地（繊維，食料，木材），異業種総合団地，倉庫・トラックターミナル団地等の形態がある。共同事業では共同倉庫，共同駐車場，共同配送センター，情報ネットワークシステムの構築，リテールサポートの充実。1963年以降，群馬県高崎市の高崎卸商社（協）を最初に共同化事業としてあげられる。木材では昭和41年に徳島県徳島市の木材工業団地協同組合の例がある。

　卸センターは，多くの卸売業が店舗を一つの大型の建物の中に置き，集約的に見本取引を行おうとするものである。大東京総合卸売センターが代表的である。

9　商品取引所

(1)　商品取引所の意義

　フィリップスとダンカン（Charles F. Philips and Delbert J. Dancan）は商品取引所について，次のように述べている。

　取引所とは会員内の調停を行い，統一規則の下に取引を行う施設であり，市場情報の収集と広報を提供する施設である。また，特定商品の取引の諸利益を増進する組織あるいは個人の連合体である。取引所の施設は主に先物取引に用いられるために，"商品先物取引所"と呼ばれている。そして，商品取引所それ自身は商品の取引を行わないで，立会場での取引はすべて会員によって行われ，会員は自己売買（標準手数料での）委託売買もできる。会員数は法人設立免

許状によって制限されているから，会員への入会許可は，通常会員権（seatと呼ばれる）の買取を必要とする。その上，新会員は現会員の3分の2の票決（場合によっては単に多数決）により入会を許可される。取引所は営業機関ではないが，営業費を償うため会費（dues）とサービス料（fees）を徴収するとしている[23]。

上林正矩によると，商品取引所は商品流通機構における中枢的機関として，資本主義に存在する一種の商業機関である。それは取引する人，物，場所，時，および取引条件があらかじめ一定され，売買技術的に最高度化された組織的市場であるとしている。

したがって，商品取引所とは，特定商品（上場商品という，例：大豆，小豆，綿花，ゴム，砂糖，金，銀など）を商品取引員（仲買人）によって，現物取引でなく銘柄取引，先物取引によって取引を成立させる組織的市場の施設である。

(2) 商品取引所の特徴 [24]

商品取引所は商品取引所法に基づいて設立された特別法人である。目的（第1条）として，商品取引所の組織，商品市場における取引の管理などについて定め，その健全な運営を確保するとともに，商品市場における取引の受託等を行う者の業務の適正な運営を確保すること等により，商品の価格の形成及び売買その他の取引並びに商品市場における取引の受託を公正にするとともに，商品の生産及び流通を円滑にし，もって国民経済の適切な運営及び商品市場における取引の委託者の保護に資することを目的としている。次に主な特徴をあげることにする。

a 商品取引所の売買に従事する人は特殊の商人に限られている（商品取引所法第23条）。

b 取引所で取引される商品は，取引所が上場を指定した商品に限られる。上場商品は①代替性があり，②品質に恒常性があり，③耐久商品で標準化が高度に行われていること，④格付を行うことができるもの，⑤大量の需要供給が存在する商品であること，⑥価格変動の大なる商品であることなどが取引所上場物件としての条件である。現行「商品取引所法」は第2条第2項において，商品取引所の商品市場に上場されている商品は，農産物

のうち豆類（輸入大豆，国内産大豆，小豆，大手亡豆）および澱粉類（馬鈴薯澱粉，甘藷澱粉〔カンショ〕），砂糖類（粗糖，精糖），トウモロコシ，鉱物のうち貴金属類（金，銀，白金），ゴム，繊維中間素材のうち天然繊維類（綿糸，毛糸），及び化学繊維類（スフ糸）並びに繭糸類（生糸，乾繭）に分類される。

　このうち現在，流通市場で上場要件を満たしているのが，輸入大豆，小豆，粗糖，金銀，白金，ゴムの7品目である。1990年の制度改正によってトウモロコシが1992年4月に東京乾物商品取引所卸売業国内商品取引所に上場され，パラジウムが1992年8月より東京工業品取引所で上場された。

c　商品取引所は常設的持続的市場である。取引所は毎日定刻に，一定の場所で取引が公開的に行われる。

d　商品取引所の売買取引方法は，他の市場におけるよりも技術的に高度化されている。商品取引所の先物取引は賭け繋ぎ取引，投機取引，鞘取取引が利用される。取引には①現物先物取引，②代金決済取引，③商品指数取引，④オプション取引形態がある。

e　商品取引所の社会経済的機能には①公開市場であり毎日一定の時間に立会が行われ，迅速，確実な大量取引が行われる，②需要と供給が反映した取引である。競売買の取引であることから公正な価格が形成されている。③取引所では取引が継続的であり，地域的・時間的な価格の差を是正する価格の平準化機能がある。④賭け繋ぎ取引による，保険つなぎ（ヘッジ）機能がある。

　商品取引所は経済的機能を果たしているが，投機を伴うことから，われわれはまず商品先物取引の仕組みをよく知ること，そして，自分で判断すること，最後に余裕の資金で資金運用を図ることが大切である。それでも，しばしば投資家との間でトラブルが発生して社会問題になっている。

第2章　卸売業と卸売機構

第5節　卸売業の現状と課題

　平成14年6月に実施した商業統計調査によると，卸売業の事業所数は37万9,547であり平成11年商業統計調査（前回調査と記す）と比較すると10.9％減少であった。年間商品販売額は413兆4,572億円（前回調査比16.5％減），就業者数は416万6,073人（前回比10.9％減）となって落ち込んでいる。図表2－11は昭和57年からの推移を示したものであるが平成3年をピークに平成9年を除いて減少している。卸売業の現状を平成14年商業統計速報から，(1)事業所数，(2)年間商品販売額，(3)就業者数の変化を見ることにする。

(1) 事業所数

　図表2－11を見ると事業所数は昭和60年調査で前回調査比3.7％減少し，その後回復したが平成3年の前回調査比9.1％を最後に減少傾向が続いている。

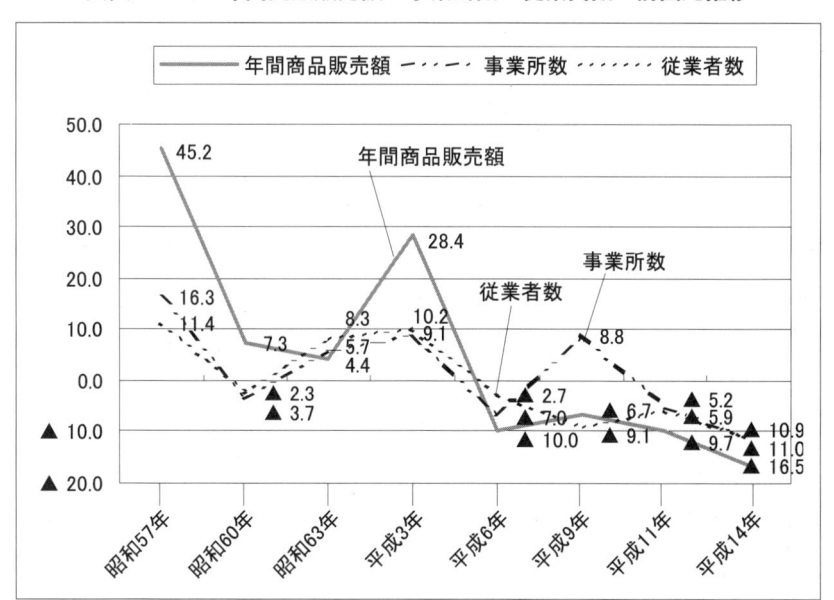

図表2－11　年間商品販売額・事業所数・従業員数の前回比推移

出所：『平成14年商業統計速報（卸売・小売業）』p.14。

図表2－12 業種別事業所数

業　種　別	事 業 所 数		構成比(%)		前回比(%)
	平成11年	平成14年	平成11年	平成14年	14年/11年
卸売業計	425,850	379,547	100.0	100.0	▲10.9
各種商品卸売業	1,641	1,156	0.4	0.3	▲29.6
繊維品卸売業(衣服,身の回り品を除く)	8,093	6,054	1.9	1.6	▲25.2
衣服，身の回り品卸売業	28,500	25,227	6.7	6.6	▲11.5
農畜産物・水産物卸売業	43,653	38,300	10.3	10.1	▲12.3
食料・飲料卸売業	50,723	45,297	11.9	11.9	▲10.7
建築材料卸売業	49,477	43,918	11.6	11.6	▲11.2
化学製品卸売業	16,438	16,006	3.9	4.2	▲ 2.6
鉱物・金属材料卸売業	17,556	17,106	4.1	4.5	▲ 2.6
再生資源卸売業	11,470	9,773	2.7	2.6	▲14.8
一般機械器具卸売業	38,140	34,970	9.0	9.2	▲ 8.3
自動車卸売業	18,773	18,218	4.4	4.8	▲ 3.0
電気機械器具卸売業	27,461	24,623	6.4	6.5	▲10.3
その他の機械器具卸売業	15,886	12,308	3.7	3.2	▲22.5
家具・建具・じゅう器卸売業	19,297	18,300	4.5	4.8	▲ 5.2
医薬品・化粧品等卸売業	23,300	18,730	5.5	4.9	▲19.6
他に分類されない卸売業	55,442	49,561	13.0	13.1	▲10.6

出所：『平成14年商業統計速報』p.16。

　図表2－12の卸売業の業種別事業所数を見ると，業種別事業所数の構成比で多いのは「他に分類されない卸売業」(13.1%)，「食料・飲料卸売業」(11.9%)，「建築材料卸売業」(11.6%)である。前回調査比較では各種商品卸売業の事業所数1,156で前回比29.6%の減少である。ついで，繊維品卸売業の業所数6,054で前回25.2%減となっている。

(2) **年間商品販売額**

　図表2－11を見ると平成3年前回調査比28.4%を境に平成6年では前回調査比10.0%と大きく落ち込みその後，横ばい傾向で平成14年では前回調査比16.5%の減少となっている。

① 業種別年間商品販売額

　図表2－13の卸売業の業種別年間商品販売額から平成14年の構成比の多いも

第2章　卸売業と卸売機構

図表2－13　業種別年間商品販売額

業　　種	年間商品販売額（億円）		構成比（％）		前回比（％）
	平成11年	平成14年	平成11年	平成14年	14年/11年
卸売業計	4,954,526	4,134,572	100.0	100.0	▲16.5
各種商品卸売業	639,771	481,291	12.9	11.6	▲24.8
繊維品卸売業(衣服,身の回り品を除く)	68,335	56,696	1.4	1.4	▲17.0
衣服、身の回り品卸売業	186,928	152,192	3.8	3.7	▲18.6
農畜産物・水産物卸売業	502,844	402,667	10.1	9.7	▲19.9
食料・飲料卸売業	494,473	439,828	10.0	10.6	▲11.1
建築材料卸売業	292,004	245,420	5.9	5.9	▲16.0
化学製品卸売業	240,722	212,664	4.9	5.1	▲11.7
鉱物・金属材料卸売業	451,488	438,587	9.1	10.6	▲2.9
再生資源卸売業	14,660	14,651	0.3	0.4	▲0.1
一般機械器具卸売業	292,145	242,768	5.9	5.9	▲16.9
自動車卸売業	293,566	164,867	5.9	4.0	▲43.8
電気機械器具卸売業	597,204	497,233	12.1	12.0	▲16.7
その他の機械器具卸売業	152,151	122,973	3.1	3.0	▲19.2
家具・建具・じゅう器卸売業	82,011	73,167	1.7	1.8	▲10.8
医薬品・化粧品等卸売業	220,197	215,750	4.4	5.2	▲2.0
他に分類されない卸売業	426,028	373,818	8.6	9.0	▲12.3

出所：『平成14年商業統計速報』p.20。

のを見ると「電気機械器具卸売業」(12.0％)，「各種商品卸売業」(11.6％)，「食料・飲料卸売業」，「鉱物・金属材料卸売業」(10.6％)となっている。

　また，自動車卸売業は前回調査に比べ43.8％の減少となっているが，これは自動車販売ディーラーの本社・本店などについて，従来は本社・本社等と営業所間の帳簿振り替えを含めて卸売販売額としていたものを，平成14年調査より「自動車の業務用販売額をもって卸売販売額とする」ことに定義を変更したためである。(平成14年商業統計速報22頁)

② 就業者規模別の年間商品販売額

　図表2－14の卸売業の就業者規模別年間商品販売額から平成14年の就業者規模別の構成比の多いものを見ると，100人以上（36.8％），10～19人（14.7％），50～99人（12.6％）となっており，規模的には中規模が多くを占めている。前回

図表2－14　就業者規模別の年間商品販売額

就業者規模別	年間商品販売額（億円）		構成比(%)		前回比(%)
	平成11年	平成14年	平成11年	平成14年	14年/11年
卸売業計	4,954,526	4,134,572	100.0	100.0	▲16.5
2人以下	59,346	51,762	1.2	1.3	▲12.8
3人～4人	172,886	152,577	3.5	3.7	▲11.7
5人～9人	502,150	445,589	10.1	10.8	▲11.3
10人～19人	705,908	607,440	14.2	14.7	▲13.9
20人～29人	436,218	389,580	8.8	9.4	▲10.7
30人～49人	542,976	443,451	11.0	10.7	▲18.3
50人～99人	624,791	522,246	12.6	12.6	▲16.4
100人以上	1,910,251	1,521,927	38.6	36.8	▲20.3
4人以下（小規模事業所）	232,232	204,339	4.7	4.9	▲12.0
5～99人（中規模事業所）	2,812,043	2,408,306	56.8	58.2	▲14.4
100人以上（大規模事業所）	1,910,251	1,521,927	38.6	36.8	▲20.3

出所：『平成14年商業統計速報』p.23。

調査の比較では100人以上が20.3％の減少であった。

(3) 就業者数

　図表2－15は卸売業の業種別就業者数を示したものである。平成14年の構成比の多いものは，食料・飲料卸売業（12.7％），他に分類されない卸売業（12.1％），農畜産物・水産物卸売業（10.3％）となっている。前回調査との比較では繊維品卸売業（衣服，身の回り品を除く）の減少が26.4％と最も高くなっている。

　図表2－11からも分かるように，卸売業は年間商品販売額，事業所数，従業員数ともに横ばいもしくは落ち込みを示している。売上高の減少では販売先小売店不振，販売先の廃業・倒産によることが中小企業庁「卸売業実態調査」（平成9年版，中小企業白書）で明らかにされている。これは現在のわが国の経済構造による個人消費の低迷，価格低下などによる売上減少の影響を受けている。そのために，卸売業では国分と廣屋の資本，業務提携に見られるように商品調達や情報・物流の共同化を目指している。食品卸売業界では総合商社による再編成が行われている（企業診断2003/50，6頁）。卸売業は商品流通において生産者と小売業を結ぶ重要な役割を果たしている。最近，生産者と小売業が直結す

図表2−15　業種別従業員数

業　種　別	事　業　所　数		構成比(%)		前回比(%)
	平成11年	平成14年	平成11年	平成14年	14年/11年
卸売業計	4,675,300	4,166,073	100.0	100.0	▲10.9
各種商品卸売業	56,280	44,303	1.2	1.1	▲21.3
繊維品卸売業(衣服,身の回り品を除く)	69,563	51,204	1.5	1.2	▲26.4
衣服,身の回り品卸売業	346,613	290,032	7.4	7.0	▲16.3
農畜産物・水産物卸売業	477,683	429,320	10.2	10.3	▲10.1
食料・飲料卸売業	590,484	527,065	12.6	12.7	▲10.7
建築材料卸売業	402,538	351,260	8.6	8.4	▲12.7
化学製品卸売業	173,674	175,702	3.7	4.2	1.2
鉱物・金属材料卸売業	223,089	210,802	4.8	5.1	▲ 5.5
再生資源卸売業	62,680	59,174	1.3	1.4	▲ 5.6
一般機器具卸売業	374,433	347,864	8.0	8.3	▲ 7.1
自動車卸売業	226,700	194,762	4.8	4.7	▲14.1
電気機械器具卸売業	463,564	422,166	9.9	10.1	▲ 8.9
その他の機械器具卸売業	175,829	146,981	3.8	3.5	▲16.4
家具・建具・じゅう器卸売業	167,464	153,089	3.6	3.7	▲ 8.6
医薬品・化粧品等卸売業	305,318	256,815	6.5	6.2	▲15.9
他に分類されない卸売業	559,388	505,534	12.0	12.1	▲ 9.6

出所：『平成14年商業統計速報』p.25。

る製販同盟やインターネットによって生産者と消費者が直接取引することが進行している。そのために卸売業には多くの課題がある。同業他社との競争力をつける，情報収集力の強化，商品数量の確保，商品の優先確保，低価格で取引先に納入することである。さらに中小企業庁「小売業経営実態調査」(平成9年版，中小企業白書，259頁)では，中小小売業が卸売業者に期待するに機能には①情報収集・分析・提供機能，②低価格品供給機能，③小売支援機能，④商品企画開発機能をあげている。小売店に対しては商品情報の収集・提供等，納品率の達成等のいわゆるリテールサポートの戦略強化。生産者に対しては物流コスト削減のための効率的な物流活動，発注ロット単位での対応をあげている。卸売業はこれらの課題を解決していくことが生き残る道である。

[注]

1) Jay Diamond & Gerald Pintel, "Principles of Marketing", Prentice-Hall, 1972, pp.221-222。
2) 三上富三郎『新版商業革新』中央経済社，1971年，pp.68-69。
3) 三上富三郎『前掲書』pp.76-77。
4) 住谷宏「卸売機構」久保村隆祐編『商学通論』同文舘，1987年，p.71。
5) Philip Kotler & Gary Armstrong, "Marketing An Introduction", 2nd ed. Prentice-Hall, 1990, pp.369-371。
6) 三上富三郎『前掲書』pp.85-86。
7) 桐田尚作『商業通論』丸善株式会社，1968年，p.216。
8) 風呂勉「卸売商業の機能と流通体系」久保村隆祐，荒川祐吉編『商業学』有斐閣，1974年，pp.235-236。
9) Philip Kotler & Gary Armstrong, op. cit, p.325。
   風呂勉『前掲論文』pp.235-236。
10) 拙稿『卸売業の機能と社会的役割』辻本興慰・水谷充一『最新商学総論』中央経済社，1995年，pp.44-45。
    風呂勉『前掲論文』pp.235-236。
    久保村隆祐・雲英道夫・木綿良行『今日の商業』中央経済社，1975年，p.37。
    久保村隆祐編『商学通論』同文舘，1987年，pp.78-80。
    野口智雄『ビジュアルマーケティングの基本』日本経済新聞社，1994年，p.123。
11) 鈴木安昭，関根孝，矢作敏行編『マテリアル流通と商業』有斐閣，1994年，p.135。
    流通経済研究所編『流通がわかる事典』日本実業出版社，1990年，pp.107-108。
    らくがき舎編『図解・世の中こうなっているPART3 流通のしくみ』PHP研究所，1994年，pp.28-29。
12) Joel R. Evans & Barry Berman, "Principles of Marketing", 2nd ed, Macmillan Publishing, 1988, pp.249-250。
13) 田島義博『流通機構の話』日本経済新聞社，1991年，pp.131-136。
    武嶋一雄『商学概論』中央経済社，1978年，pp.193-201。
    北島忠男『現代流通論』白桃書房 1975年 p.158。
    流通経済研究所編『流通がわかる事典』日本実業出版社，1990年，p.123。
14) 1990年3月現在全国56都市に88の中央卸売市場がある。

札幌, 釧路, 室蘭, 函館, 青森, 八戸, 秋田, 盛岡, 山形, 仙台, 福島, いわき, 新潟, 宇都宮, 大宮, 甲府, 東京, 船橋, 千葉, 川崎, 横浜, 藤沢, 静岡, 浜松, 富山, 金沢, 福井, 岐阜, 名古屋, 三重（一志郡）, 京都, 大阪府, 大阪市, 奈良, 和歌山, 尼崎, 神戸, 姫路, 岡山, 呉, 広島, 宇部, 下関, 徳島, 高松, 松山, 高知, 北九州, 福岡, 久留米, 佐世保, 長崎, 大分, 宮崎, 鹿児島, 那覇

15) 田島義博『前掲書』p.133。
16) 田島義博『前掲書』p.136。
　　らくがき舎編『前掲書』PHP研究所, 1994年, pp.18-19。
　　流通経済研究所編『前掲書』p.117。
　　『流通人の必須用語』ビジネス社, 1983年, p.95。
17) 小林隆一『前掲書』p.103。
　　らくがき舎編『前掲書』pp.20-21。
　　田島義博『前掲書』pp.139-140。
　　『流通人の必須用語』p.109。
　　流通経済研究所編『前掲書』p.116。
　　宇野正雄編『マーケティングがわかる事典』日本実業出版社, 1980年, p.137。
18) 田島義博『前掲書』pp.140-141。
　　らくがき舎編『前掲書』pp.22-23。
19) 大和総研『日本の会社と業界実力地図』日本実業出版社, 1993年, p.136。
　　三上富三郎『前掲書』pp.72-72。
　　内田吉英著『商社』教育社, 1992年, pp.116-130, pp.133-147。
　　小林隆一『前掲書』pp.106-107。
20) 流通経済研究所編『前掲書』p.113。
　　北原一身監修『入門の入門流通のしくみ』日本実業出版社, 1991年, pp.66-67。
21) 北原一身監修『前掲書』pp.64-65。
　　流通経済研究所編『前掲書』p.118。
　　小林隆一『前掲書』pp.112-113。
22) 中田信哉「流通機関」田島義博『流通読本』1977年 pp.108-110。
　　久保村隆祐, 雲英道夫, 木綿良行『前掲書』p.45。
　　流通経済研究所編『前掲書』p.124。
　　小林隆一『前掲書』pp.108-109。

らくがき舎編『前掲書』pp.32-33。
23) Charles F. Philips and Delbert J. Duncan, "Marketing-principles and methods" 6th, Richard D. Irwin, INC., 1969, pp.498-499。
24) 上林正矩『マーケティング研究と商品取引所（Ⅱ）』『駒大経営研究』第7巻第1号 pp.1-2。
上林正矩編『商業』雄斐閣 pp.91-97。
社団法人日本商品取引委員会『商品取引所』pp.15-19。
社団法人全国商品取引所連合会『商品先物取引制度の概要』1991年 pp.4-7。

第3章 商的流通

第1節 流通チャネル―マネジメントからの視点―

1 流通チャネルの役割

　流通を征する者は業界を制すといわれる。これは，流通チャネルをコントロールした者が，結果として，マーケットシェアに示されるリーダーに君臨することを意味している。マーケット・リーダーになるために，流通チャネルの果たす役割は重要である。

　では，流通チャネルとは何か？それは，商品やサービスがメーカーから消費者に渡るまでの経路のことである。流通チャネルの役割は，生産と消費のギャップを埋めるパイプ役であり，流通機能そのものといっても過言ではない。流通機能には，売買・取引機能，価格形成機能，輸送・運送機能，貯蔵・保管機能，情報伝達機能，収集・分散機能，標準化・等級付け機能，品揃え機能，リスク負担機能，金融機能がある。これらの機能は，必要とする人に，適正な商品・サービスを適正な価格でタイミングよく提供することであるといえよう。

2　流通チャネルの事例

一般的には，メーカー→卸売業者→小売業者→消費者という流通経路で表される。主な流通チャネルをみてみよう。

(1) 家電製品

流通チャネルとしては，各メーカーの系列販社を卸売業者として経由する。量販店やディスカウント・ストアの出店により，価格競争が激化し，系列店は存続の危機にある。大型で複数のメーカーの商品を，品揃え豊富に低価格で取り扱える量販店（コジマ，ベスト電器など）が増加してきており，メーカーとしても重要なチャネルとなっている。また，60年代後半，松下電器産業のカラーテレビに対抗して，ダイエーが自社ブランド品「ブブ」を出し，その後，価格決定権を巡り和解するまで，約30年間睨み合ったことは有名である。メーカー主導の流通系列が弱まっていることの現れといえよう。

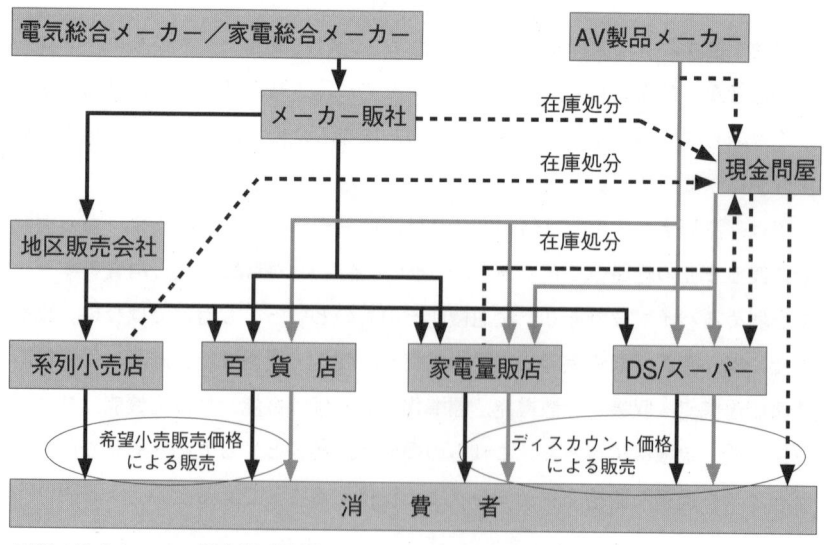

図表3－1　家電製品の流通チャネル

出所：社会システム研究所『流通のしくみ』日本実業出版社。

第3章 商的流通

(2) 化粧品

　メーカー主導型の流通チャネルの色合いがみられる業界である。制度品ルートは，販社営業所を通じ，チェーンの小売店に商品を流通させる。メーカーは販売員を小売店に派遣し，販売支援活動を行う一方，リベートなどもみられる。一般品ルートは，医薬品や化粧品などを扱う卸売業者を通じて，一般小売店，スーパー，コンビニエンス・ストアなどに販売する。訪問品ルートは，メーカーの販売員が直接，消費者へ出向くルートである。マツモトキヨシに代表される

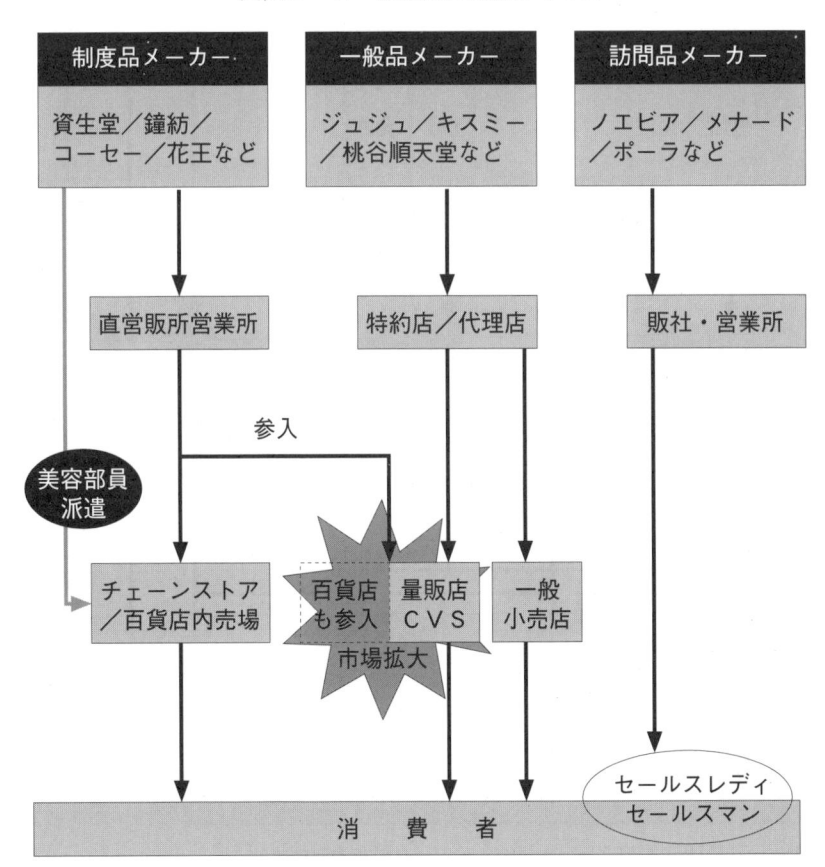

図表3－2　化粧品の流通チャネル

```
┌─────────────┐    ┌─────────────┐    ┌─────────────┐
│ 制度品メーカー │    │ 一般品メーカー │    │ 訪問品メーカー │
│ 資生堂／鐘紡／ │    │ ジュジュ／キスミー│    │ ノエビア／メナード│
│ コーセー／花王など│  │ ／桃谷順天堂など│    │ ／ポーラなど   │
└──────┬──────┘    └──────┬──────┘    └──────┬──────┘
       │                  │                  │
       ▼                  ▼                  ▼
┌─────────────┐    ┌─────────────┐    ┌─────────────┐
│ 直営販所営業所 │    │ 特約店／代理店 │    │ 販社・営業所   │
└──────┬──────┘    └──────┬──────┘    └──────┬──────┘
       │         参入    │                  │
┌───┐  │          ┌──────┤                  │
│美容│  │          │      │                  │
│部員│  │          ▼      ▼                  ▼
│派遣│  ▼       ┌────┐ ┌────┐          ┌────┐
└─┬─┘ ┌────────┐│百貨店││量販店│          │一般│
  │   │チェーンストア││も参入││ CVS │         │小売店│
  └──▶│／百貨店内売場││    ││    │          │    │
      └──────┬─┘ └──┬─┘ └──┬─┘          └──┬─┘
             │     市場拡大                    │
             ▼        ▼      ▼      ┌─────────┐
                                    │セールスレディ│
                                    │セールスマン │
                                    └──────┬──┘
        ┌──────────────────────────────────┐
        │           消　費　者             │
        └──────────────────────────────────┘
```

出所：社会システム研究所『流通のしくみ』日本実業出版社。

量販店などによる価格競争激化となっており，メーカー主導による流通チャネル支配は崩壊の傾向にあるといえよう。

(3) 玩具

中小メーカーの生産を背景に製造問屋が主導権をもっている，または，老舗メーカーが自社販売会社を通じて，消費者に商品を提供していた。が，大規模小売店舗法の改正により，米国の大手チェーン店「トイザらス」の参入により，中間卸の排除がみられ，低価格で商品が消費者に入るようになった。ここでも，

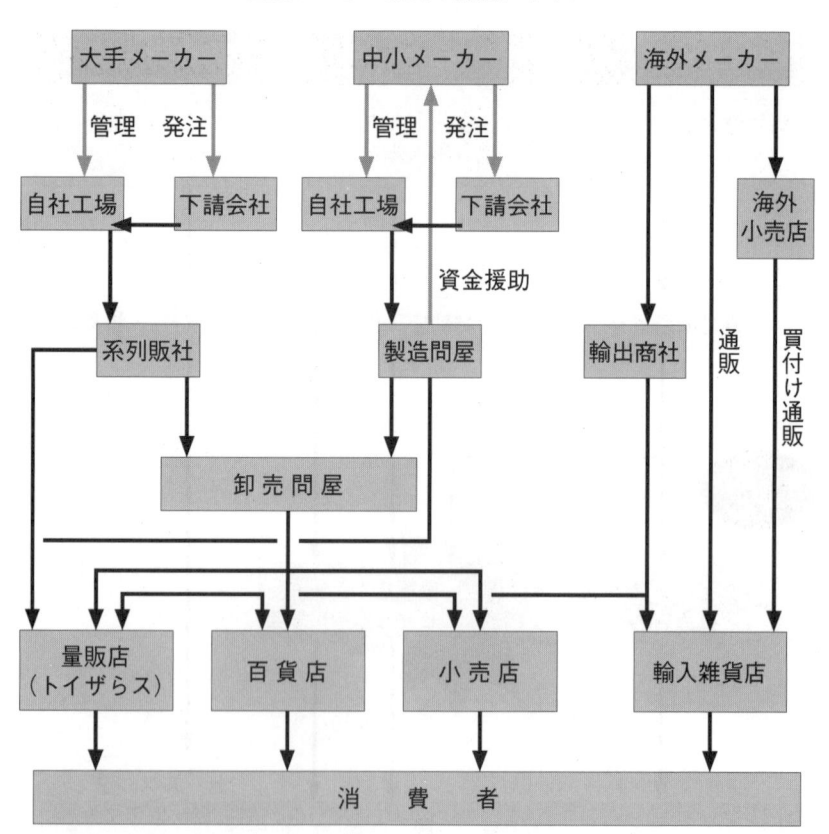

図表3-3　玩具の流通チャネル

出所：社会システム研究所『流通のしくみ』日本実業出版社。

流通チャネルにおいて，メーカー主導より小売主導への転換がみられるようになった。

3 流通チャネルの構築とチャネル政策の類型

(1) 構築に当たっての検討項目

　流通チャネルの構築に際しては，マーケティング目標に応じて，3Cといわれる，コントロール，カバレッジ，コストを決定していかなければならない。3Cを決める際に，検討を要する項目には，製品の特性（単価，技術の度合，耐久性など），自社企業の経営状況がある。例えば，製品の単価が低い場合には，流通チャネルは長くなり，高い場合には短くなる。製品の技術の度合によっても，長さが異なる（図表3－4を参照）。また，自社企業の財務力や知名度の強弱によっても，流通チャネルの長さも異なってくる。

(2) チャネル政策の類型

　メーカーの製品流通の方針をチャネル政策といい，メーカーの流通過程への介入度合によって，開放的チャネル政策，選択的チャネル政策，特約チャネル政策，直接チャネル政策に4区分される。
○開放的チャネル政策は，自社製品をできるだけ広範囲に行き渡らせるために，多くの卸売業者と小売業者に製品を取り扱いさせるようにする政策である。消費者が近くの店で購入する食料品，日用雑貨などの商品で，最寄品といわれるものが対象となる。
○選択的チャネル政策は，メーカーが卸売業者や小売業者を選択して，自社製品を流通させる政策である。その選択基準には，流通業者の現在と将来の販売量，メーカーへの協力度，経営者の能力，財務力などがあげられる。
○特約チャネル政策は，メーカーが販売会社をもつ，または資本参加して販売代理店をもち，一定地域内での排他的販売権を与えることによって，コントロールしやすいチャネルのことである。
○直接チャネル政策は，通信販売や訪問販売などにより，メーカーが消費者にダイレクトに製品販売しようとするものである。

図表3－4 流通チャネルの長さ

製品の単価

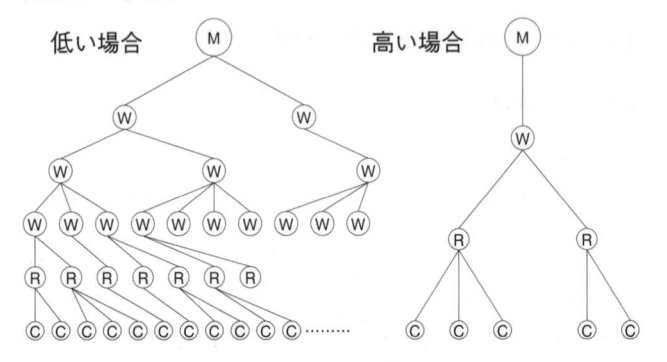

低い場合

- 広範囲の消費者に購入してもらうため、チャネルは長くなる。
- Ⓜはメーカー、Ⓦは卸売業者、Ⓡは小売業者、Ⓒは消費者。

高い場合

- 限られた数の消費者へ購入してもらえばよいからチャネルは短くなる。

製品の技術

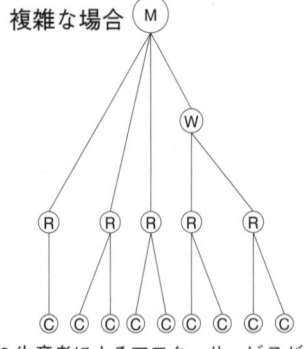

複雑な場合

- 生産者によるアフターサービスが必要になるのでチャネルは短くなる。

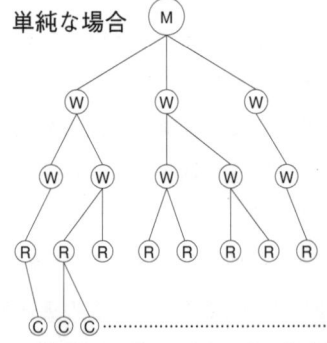

単純な場合

- 売り放しで済むので、一般の卸売業者を利用して、多数の消費者へ製品を販売する。その結果、チャネルは長くなる。

出所：野口智雄『ビジュアル　マーケティングの基本』日本経済新聞社。

(3) 伝統的チャネルと垂直的チャネルの違い

　伝統的なチャネルについて，マッキャモンによれば，「ゆるやかに連携づけられたメーカー，卸売業者，小売業者がそれぞれの立場に立って取引し，販売条件に関しては攻撃的な姿勢で交渉しあうものの，それ以外のときには自律的に行動してきた，まとまりの弱い組織である」とし，垂直的チャネルについては，「中核企業によって専門的に管理され，全体計画が立案されている組織であって，事業運営の経済性と市場に対する最高のインパクトを実現できるようにしくみを築き上げた組織である」と説明している。垂直的チャネルには，個々の企業の自主性の度合や協調関係の度合によって，企業システム，契約システム，管理システムに3区分される。そして，伝統的チャネルと垂直的チャネルの比較については，図表3－5のようになる。

　また，垂直的流通チャネルのリーダーのことをチャネル・キャプテンという。チャネル・キャプテンの条件とその任務については，図表3－6に示されている。

図表3－5　伝統的チャネルと垂直的チャネルの比較

	垂直マーケティング・システム	伝統的経路
チャネル・リーダーシップ	チャネル・キャプテンが存在し，強力なリーダーシップを発揮している。	チャネル・キャプテンが存在していないか，存在していてもそのリーダーシップは弱い。
構成員の選定	チャネル・キャプテンによって合目的に，選定企業が構成員として選ばれている。	たまたま，昔からの取引関係で構成員が定まっているにすぎない。
構成員相互の関係	すべての構成員を有機的に連繋させ，組織としての効率を最も高めうるように，しかも集団行動をとりうるように，構成員を相互に関連づけている。	個々の構成員が自立的に，また独立的に行動できることを基本としながら，取引の実現のためにだけ協力し合うよう，構成員を関連づけている。
集団としての共通目標の選定	すべての構成員が共通に目指すべきゴールを，チャネル・キャプテンが設定している。	共通に目指すべきゴールはほとんど存在していない。

集団規範	すべての構成員が集団のルールに服従する意志をもち,チャネル・キャプテンは集団規範によって全体を規律する。	すべての構成員の承認する集団のルールがないか,あっても脆弱である。
組織への帰属意識	すべての構成員が,所属する組織に対して強いロイヤルティを抱いている。	構成員が組織に所属しているという認識は弱く,むろんその所属組織へのロイヤルティも弱い。
競争認識	すべての構成員が一丸となり,集団として競争に対処すべきだと考えている。	個々の構成員が,自己の努力によって競争に対処するほかないと考えている。

出所:江尻　弘『マーケティング思想論』中央経済社。

図表3－6　チャネル・キャプテンの条件とその任務

垂直的流通システムにおけるチャネル・キャプテン

```
チャネル・         生産者  ← 人材力（優秀な人材の数）
キャプテン →
                  卸売業者 ← 経済力（業績、資本、資産の規模）

                  小売業者 ← 市場情報把握力（消費者情報の収集度）
```

垂直的流通システム　　チャネル・キャプテンに必要なパワー

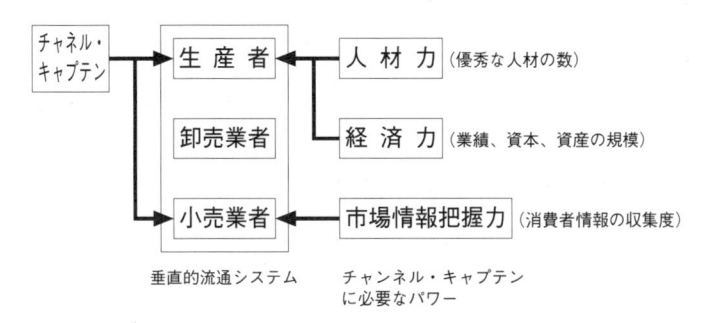

- システムを運営するリーダー企業は、トータルのパワーの最も高いところである。
- 人材力と経済力は生産者が高く、市場情報把握力は小売業者が高い。一般のシステムでは、このどちらかがリーダーとなる。

チャネル・キャプテンの任務

生産者 → チャネル・キャプテンの任務
- 将来ビジョンの策定
- 構成員の役割分担
- 活動の促進
- コントロール

（生産者の下に卸売業者、卸売業者の下に小売業者）

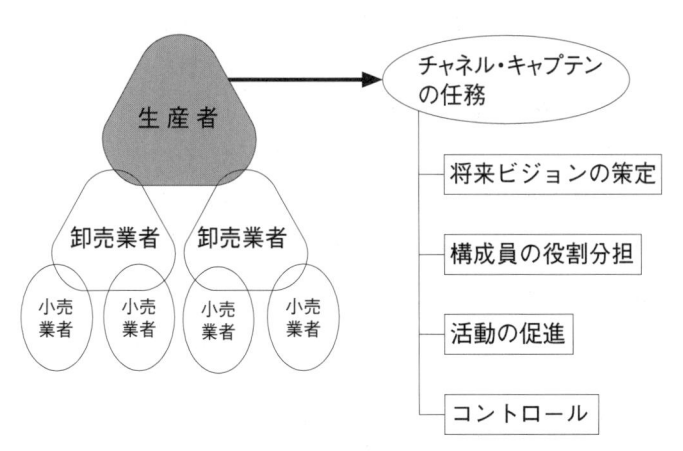

- ここでは、チャネル・キャプテンを生産者とする。
- 例えば、食料品などのチャネルでは、大規模小売業がチャネル・キャプテンになる場合がある。

出所：野口智雄『ビジュアル　マーケティングの基本』日本経済新聞社。

4 メーカー主導型流通システム

　メーカー主導型流通システムとは，メーカーによる流通チャネルの系列化のことである。戦後，寡占状態を作り出したメーカーは，ライバル・メーカー品も扱う特約店や代理店組織を否定し，自社商品を優先的に取り扱う卸売業者の組織化に着手したことによる。特に，寡占化が進んだ家電業界や化粧品業界などにチャネル系列化がみられている。

(1) メーカー主導型流通システムの特徴

　零細・過多の小売構造，消費者の多頻度小口購買，消費者のブランド志向などが，この流通システムを支えてきた要因であるが，その主な特徴は，次のとおりである。

○メーカー商品別タテ割りシステム
○高コスト・オペレーション
○建値制とメーカー希望小売価格
○零細業種店チャネル
○日本的商習慣としてのリベート制，返品制，派遣店員
○流通系列化（再販売価格維持，テリトリー制，専売店制，一店一帳合制）

(2) メーカー主導型流通システムのメリット

　そのメリットは，以下のように五つ考えられる。
○メーカーの出荷価格の安定化によって利益を確保する。
○自社製品を優先的に取り扱い，他社製品を排除するチャネルをつくる。
○小売末端価格の値崩れを防ぎ，価格の安定化を図る。
○マーケット情報を入手し，生産・販売への反映を図ることができる。
○顧客サービスの水準を維持し，適切なアフターサービスを行う。

(3) メーカー主導型流通システムのデメリット

　そのデメリットは，以下のように四つ考えられる。
○流通業者間の競争を制限することになり，価格の硬直化をまねきやすい。
○市場への新規参入業者にとっては，参入障壁である。

○販売促進費がかかる。
○流通業者の自立性を損なう。

(4) **メーカー主導型流通システムの動向**

メーカー主導型流通システムは，現在，弱体化し，崩壊に向かっているといわれる。その要因は様々であるが，主な要因は次が考えられる。
○海外からの規制緩和の要求
○消費者の価値観多様化や価格志向の高まり
○零細小売店の減少傾向
○小売主導型流通システムの台頭

5 小売主導型流通システム

小売主導型システムの担い手は，価格破壊として知られるディスカウント・ストアであり，大きなバイイング・パワーをもった大型スーパーやコンビニエンス・ストアである。巷では，ストア・ウォーズ（Store Wars）と呼ばれているように，競争激化の様相を呈している。単に，店舗間同士の競争ではなく，メーカーと小売業者との戦いが流通チャネルで繰り広げられている。それは，価格の支配権を巡っての戦いでもある。

(1) **小売主導型流通システムの特徴**

小売主導型流通システムは，以下によって特徴づけられる。
○ニーズ別ヨコ割りシステム
○チェーン・オペレーション
○低コスト・オペレーション
○大規模業態店チャネル
○高度な情報システム武装

(2) **主な特徴について**

○ニーズ別ヨコ割りシステム

業種が何を売るかに対して，業態がどんな売り方をするのかを表したものである。業種店が商品別タテ割でメーカー主導であるのに対して，業態店は

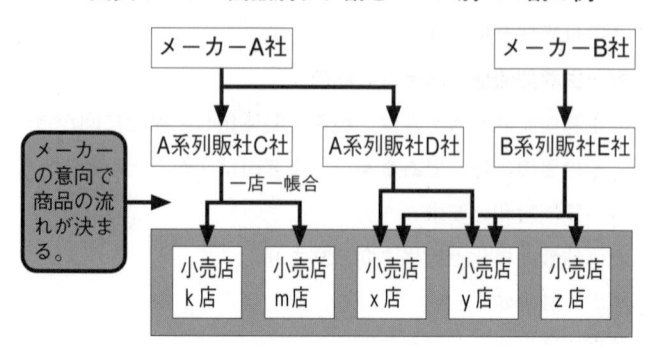

図表3－7　商品別タテ割とニーズ別ヨコ割の例

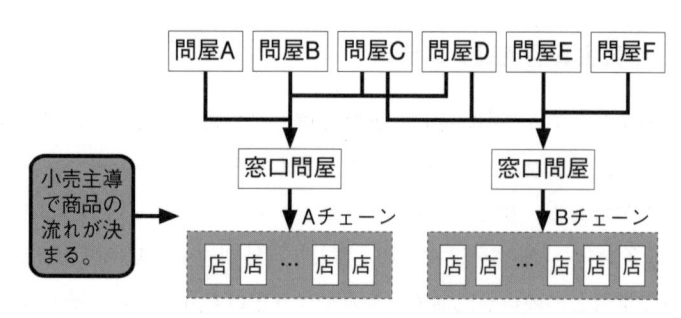

```
                    メーカーA社              メーカーB社
                    ／    ＼                  │
            A系列販社C社  A系列販社D社   B系列販社E社
メーカー        │一店一帳合  ／  ＼           │
の意向で    ┌───┴────┬────┬────┬────┐
商品の流   小売店  小売店  小売店  小売店  小売店
れが決ま    k店    m店    x店    y店    z店
る。

          問屋A 問屋B 問屋C 問屋D 問屋E 問屋F
            └──┬──┘              └──┬──┘
              窓口問屋              窓口問屋
小売主導        ↓                      ↓
で商品の      Aチェーン              Bチェーン
流れが決   ┌─────────┐        ┌─────────┐
まる。    店 店 … 店 店           店 店 … 店 店 店
```

出所：小林隆一『ビジュアル　流通の基本』日本経済新聞社。

ニーズ別にヨコ割で小売主導になっている。

○チェーン・オペレーション

　本部と多数のチェーン店舗から成り立っており，チェーン店舗は販売に専念できるように，仕入，販売促進，管理などの機能を本部に集中させたシステムである。これにより，メーカーや卸売業者に対しての交渉力が発揮できる。チェーンの形態には，レギュラー・チェーン，ボランタリー・チェーン，フランチャイズ・チェーンがある。

○低コスト・オペレーション

　仕入コスト，販売コスト，店舗コストを下げることであり，その本質は経営のシステム化の追求にあるといえる。

第 3 章　商的流通

図表 3 － 8　低コスト・オペレーションへの取り組み

【テーマ】	【大項目】	【小項目】	【対　策】【課　題】
コストを下げる（ムダを省く）	経費の低減	作業の効率化 人件費の低減 設備費の低減 その他	店舗作業の軽減 パート比率を高める 標準化・簡素化 費用の低減、経費節約
	投資の低減	少量在庫 店舗建設費の低減	多頻度小口配送 標準化・郊外立地
	原価の低減	商品ロスをなくす 仕入れ原価を下げる PB 商品の開発	単品管理の徹底 大量仕入れ・現金仕入れ 粗利益率の向上
収益性を高める（経営のシステム化）	機会ロスをなくす	適品・適量・適時陳列 ジャスト・イン・タイム物流 客単価の増大	売れ筋商品の把握 多頻度小口配送 インストア・マーチャンダイジングの展開
	経営効率化	情報システムの構築 物流システムの構築 業務改革 業務の標準化	単品管理の徹底 標準作業領域の設定
	本部集中	マーチャンダイジング 店舗運営の標準化 店組織の簡素化	本部権限の強化 人事制度の構築

出所：小林隆一『ビジュアル　流通の基本』日本経済新聞社。

(3) 新業態と小売形態発展の理論

　ディスカウント・ストアやコンビニエンス・ストアの他に，現在，小売主導流通システムを支えているのは，低価格志向の新業態といわれるものであり，その新業態を品揃えの広い・狭いと深い・浅いの 2 軸からのポジショニングを行ったのが，図表 3 － 9 である。また，日本の小売業態発展の系統を示したのが，図表 3 － 10 である。

　そして，マクネアの「小売の輪の理論」に始まる小売形態発展の理論は，ニールセンの「真空地帯論」，ディビッドソンらの「小売ライフサイクル論」など多く展開されてきている。

図表3-9　新業態のポジショニング

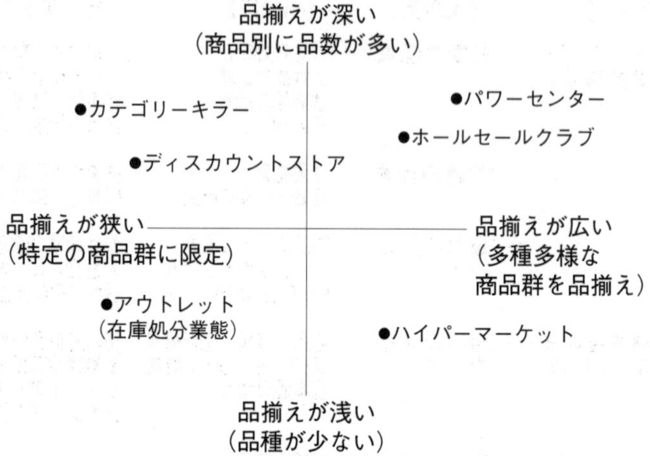

　　　　　　　　　品揃えが深い
　　　　　　　（商品別に品数が多い）

●カテゴリーキラー　　　　　　　　●パワーセンター
　　　　　　　　　　　　　　　●ホールセールクラブ
　　●ディスカウントストア

品揃えが狭い ────────────── 品揃えが広い
（特定の商品群に限定）　　　　　（多種多様な
　　　　　　　　　　　　　　　　商品群を品揃え）

　　●アウトレット
　　（在庫処分業態）　　　　　●ハイパーマーケット

　　　　　　　　　品揃えが浅い
　　　　　　　　（品種が少ない）

出所：小林隆一『ビジュアル　流通の基本』日本経済新聞社。

第3章 商的流通

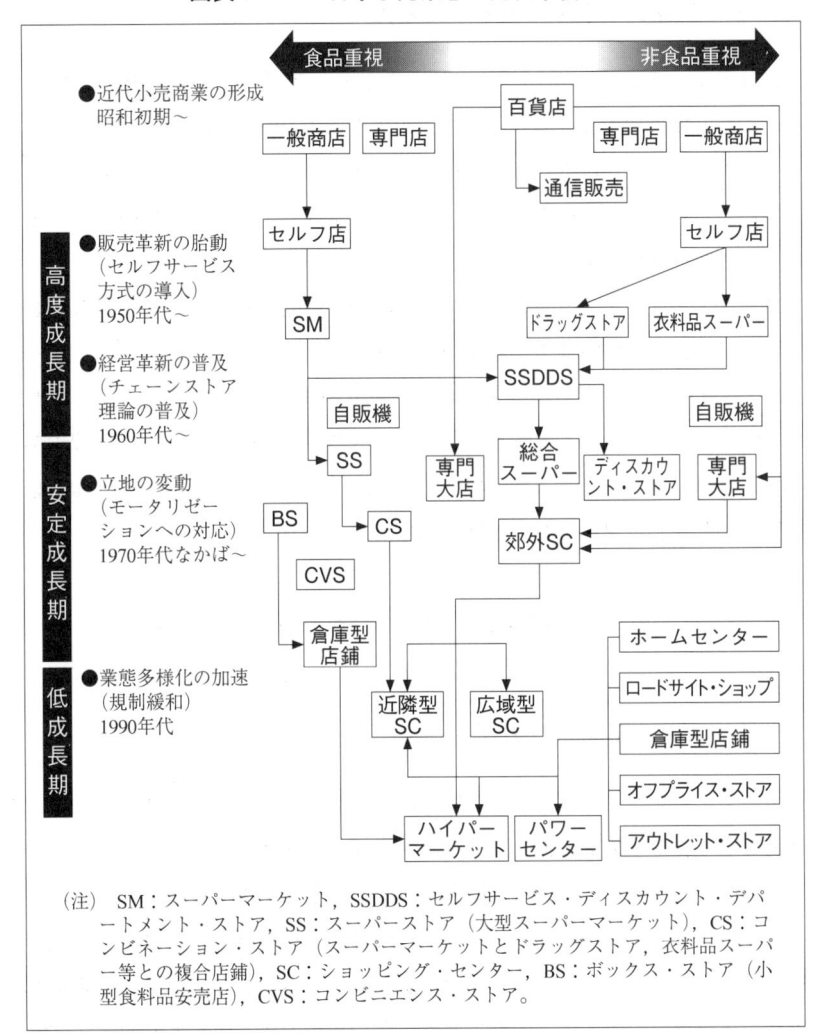

図表 3 −10　日本小売業態の発展系統図

```
  ←食品重視　　　　　　　　　　　　非食品重視→

●近代小売商業の形成
　昭和初期〜
                一般商店  専門店        百貨店
                                      ↓    専門店  一般商店
                                   通信販売
                ↓                              ↓
              セルフ店                        セルフ店
                                              ↓    ↓
高  ●販売革新の胎動                      ドラッグストア  衣料品スーパー
度   （セルフサービス   ↓                        ↘    ↓
成    方式の導入）   SM                            SSDDS
長    1950年代〜                                    ↓
期                                                
    ●経営革新の普及                                
     （チェーンストア       自販機                 自販機
      理論の普及）    ↓    SS       専門     総合    ディスカ   専門
      1960年代〜                   大店     スーパー  ウント    大店
                                             ↓    ・ストア
安  ●立地の変動     BS     CS                 郊外SC
定   （モータリゼー                            
成    ションへの対応） CVS
長    1970年代なかば〜
期                倉庫型
                  店舗                        ホームセンター
                                              ロードサイト・ショップ
低  ●業態多様化の加速        近隣型  広域型     倉庫型店舗
成   （規制緩和）            SC    SC          オフプライス・ストア
長    1990年代                                 アウトレット・ストア
期
                          ハイパー  パワー
                          マーケット センター
```

(注)　SM：スーパーマーケット，SSDDS：セルフサービス・ディスカウント・デパートメント・ストア，SS：スーパーストア（大型スーパーマーケット），CS：コンビネーション・ストア（スーパーマーケットとドラッグストア，衣料品スーパー等との複合店舗），SC：ショッピング・センター，BS：ボックス・ストア（小型食料品安売店），CVS：コンビニエンス・ストア。

出所：矢作敏行『現代流通』有斐閣アルマ。

6 流通チャネル・モードの変化

　流通チャネルにおけるパワーとは，チャネルメンバーが他のチャネルメンバーに対して影響を与えることができる力である。その力を持ったものが，チャネル・キャプテンになり，影響力ある存在となる。それは，技術，ノウハウの提供によるもの，契約によるもの，アローワンスやリベート等の提供によるもので，パワーを発揮する。

　マーケティング・チャネルとしてみた場合，流通チャネル・モードは，従来のパワー論より関係性重視への志向がみられてきている。今日では，パワーによってチャネルメンバーにコントロール関係を強化することより，パートナーとしての良き関係をつくるかが，重要になっている。例えば，従来，「取引先」と呼んでいた関係を「取り組み先」として，パートナーとしての関係作りを目指していることや製販同盟，戦略提携などにみられる。

第2節　マーケティング

1　マーケティングとは

　マーケティングとは，売れる仕組み作りのことである。さらに，個人並びに企業を取り巻く環境を分析し，自社経営資源の有効活用を検討し，マーケティング目標を設定し，ターゲット顧客を選定した上で，適切なマーケティング・ミックスを実施していくことである。それが，マーケティング戦略である。これは，新製品を市場に投入する際や新規事業等を起こしていく際に，経営者が重要な意思決定を要するところである。その意味では，マーケティングは実践的な学問であり，「需要創造の科学」といわれる所以である。ここでは，マーケティングの概要についてふれることにする。

(1)　マーケティングとは

　マーケティングとは何か？顧客志向にもとづき，顧客満足の向上のために，

売れる仕組み作りを行うことである。単に営業，販売や市場調査だけを意味するものではない。企業組織でみた場合に，営業や販売を行う部門だけのものではなく，全社規模に及ぶものである。今日までに，マーケティングは様々な定義がなされてきた。主な定義をみてみよう。

○AMA（Amerian Marketing Association，アメリカ・マーケティング協会，1960年）

「生産者から消費者もしくはユーザーまでの，商品やサービスの流れを方向づける企業活動の遂行である」

○フィリップ・コトラー（Phlip Kotler，1976年）

「交換過程を通じて必要と欲求を満たすことを意図する人間活動である」

○AMA（Amerian Marketing Association，アメリカ・マーケティング協会，1985年）

「個人や組織体の目的を満足させるために，アイデアや商品やサービスに関する企画，価格設定，販売促進，および流通を計画し，遂行する過程である」

○JMA（Japan Marketing Association，日本マーケティング協会，1990年）

「マーケティングとは，企業および他の組織がグローバルな視野に立ち，顧客との相互理解を得ながら，公正な競争を通じて行う市場創造のための総合的活動である」

○フィリップ・コトラー（Philip Kotler，1996年）

「マーケティングとは，価値を創造し，提供し，他の人々と交換することを通じて，個人やグループが必要とし要求するものを獲得する社会的，経営的過程である」

現在，1985年のAMAのマーケティング定義が主流となっている。そして，マーケティングは定義の変遷にみられるように，その概念は拡大されてきている。つまり，企業という営利組織だけでなく，病院や自治体などの非営利組織やタレントなどの個人も対象になり，顧客満足も社会的レベルにまで拡がっている。

(2) **マーケティング・コンセプト**

マーケティング・コンセプトとは，マーケティングの考え方のことである。

市場の需給関係から，次の三つの発展段階があるとされている。①生産志向，②販売志向，③マーケティング志向である。

① 生産志向

需要に対して供給が少ない，いわゆる売手市場でみられる考え方である。作れば売れるといった物不足状況では，企業の関心は生産量の増大にあり，「いかにして増産するか」に重点があり，販売のウエイトは少ない。

② 販売志向

生産量が増えてくると，「いかにして売りさばくか」という販売に企業の関心が移ってくる。生産の後で，どうやって販売していくかという，「プロダクト・アウト」の考え方である。つまり，顧客ニーズがあまり考慮されていない。

③ マーケティング志向

「売れる物をいかにして生産するか」という考え方である。生産の前に販売を考えることを「マーケット・イン」という。つまり，顧客ニーズにもとづいた企業活動が行われる。フィリップ・コトラーによれば，マーケティング・コンセプトの基本構成要素は，顧客志向，利益志向，統合努力の三つを含むものであるとされている。つまり，顧客志向をベースに容認される利益水準のもとで，企業内の諸活動を統合化するものであるといえる。フィリップ・コトラーは，さらに，製品志向，ソーシャル志向を加え，5区分している。

(3) **販売とマーケティングの違い**

販売とマーケティングの違いを図表にすると，次のようになる。販売は，マーケティングからすると，一つの機能であり，類似しているように思われるが，

販売とマーケティングの違い

販売	マーケティング
製品志向	顧客志向
売上高志向	利益志向
プロダクト・アウト	マーケット・イン
販売部門	企業全体
売り込む手段	売れる仕組みづくり

その違いは大きいものがある。

(4) マーケティングの諸アプローチ

マーケティング研究の流れは大きく二つに別れている。マクロとミクロからのアプローチである。最近の研究成果によると，アメリカで生まれたマーケティング思想は12学派に区分されている。商品学派，制度学派，機能学派の三つは，古典派といわれているアプローチである。シェス他によるメタ理論基準によって各学派を評価したものによると，マネジリアル学派が最も評価が高いとされている（図表3－11を参照）。そこで，マネジリアル・アプローチとは何か？それは，複雑に変化するマーケティング環境にマーケティング活動を総合的に適合させることを目指す研究アプローチのことである。つまり，マーケティング戦略のように，経営者の意思決定に役立つという立場からの研究といえる。

図表3－11 マーケティング学派比較

学派 \ メタ理論基準	構造	特定化	検証可能性	実証的支持	適用可能性	単純さ	計
商品学派	3	4	3	6	8	8	32
機能学派	5	3	7	7	8	8	38
リージョナル学派	7	6	7	7	4	7	38
制度学派	7	7	4	5	5	8	36
機能主義学派	7	7	2	3	8	2	29
マネジリアル学派	8	7	8	9	9	9	50
買手行動学派	8	8	6	8	9	8	47
アクティヴィスト学派	5	5	4	7	5	6	32
マクロマーケティング学派	4	4	6	6	7	4	31
組織ダイナミックス学派	8	8	4	4	5	4	33
システムズ学派	5	8	6	6	8	8	41
社会交換学派	8	4	5	5	9	9	40

* スコア1（劣る）から10（優れている）
出所：シェス他『マーケティング理論への挑戦』東洋経済。

2 マーケティング戦略

(1) マーケティング戦略のフレームワーク

マーケティング戦略とは，マーケティング目標を達成するために，ターゲット（標的）市場を明確にし，適切なマーケティング・ミックスを構築することである。そして，①環境の分析，②ターゲット市場の決定，③マーケティング・ミックスの構築の三つのステップによって構成される（図表3-12を参照のこと）。

では，マーケティング・ミックスとは何か？マーケティング手段の組み合わせのことであり，図表3-13のように各論者によって幅があるものの，現在「4P」に集約されている。つまり，Product（製品戦略），Price（価格戦略），Promotion（プロモーション戦略），Place（チャネル戦略）の四つのことである。どのような製品を作り，どのような価格をつけ，どのような情報伝達をし，どのような経路を使って販売すれば，標的顧客が買ってくれるかを考えることである。最近では，「4P」より「4C」への変化もみられている。「4C」とは，Customer Value（顧客にとっての価値），Cost to the Customer（顧客の負担），Communication（コミュニケーション），Convenience（入手の容易性）である。「4P」が企業側からの視点であるのに対して，「4C」は顧客側からの視点でマーケティング・ミックスを考えることになる。

また，戦略プロセスの観点からは，図表3-14のようになる。つまり，ターゲット市場を明確にするために，図表3-15のようなセグメンテーション基準によって市場セグメントを行い，マーケティング目標設定との関係，自社経営資源にマッチしているか，競合他社との差別優位性があるか，などを検討し，最適マーケティング・ミックスの選定を行うことになる。そして，損益分岐点分析などの収益性の検討を加味した上で，ターゲット市場の確定からマーケティング・ミックスの選定までをループしながら，自社に適切なマーケティング戦略を策定していくことになる。

そして，製品が市場に導入され，成長し，成熟期を迎え，衰退していくまでのことをプロダクト・ライフサイクルというが，それぞれの時期にみられる特

第3章 商的流通

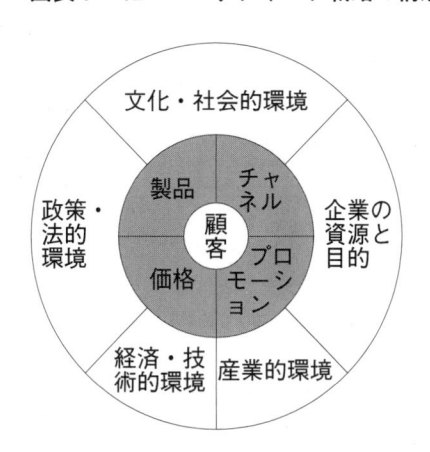

図表3-12 マーケティング戦略の構成

(外側)文化・社会的環境／企業の資源と目的／産業的環境／経済・技術的環境／政策・法的環境
(内側)製品／チャネル／プロモーション／価格／顧客

出所：村田昭治他『現代マーケティングの基礎理論』同文舘。

図表3-13 マーケティング・ミックス手段

ボーデン	ハワード	マッカーシィ	レイザー	AMA新定義
1 商品計画	1 商品	1 商品	1 商品	1 商品構想化
2 価格設定	2 販売経路	2 売場（販売経路）	2 流通	2 価格決定
3 ブランド設定	3 価格	3 商品	3 情報伝達	3 促進
4 流通経路	4 広告	4 商品		4 流通
5 人的販売	5 人的販売			
6 広告				
7 促進				
8 包装				
9 陳列				
10 サービス提供				
11 物的処理				
12 調査分析				

出所：江尻 弘『マーケティング思想論』中央経済社。

図表3-14 マーケティング戦略の論理体系

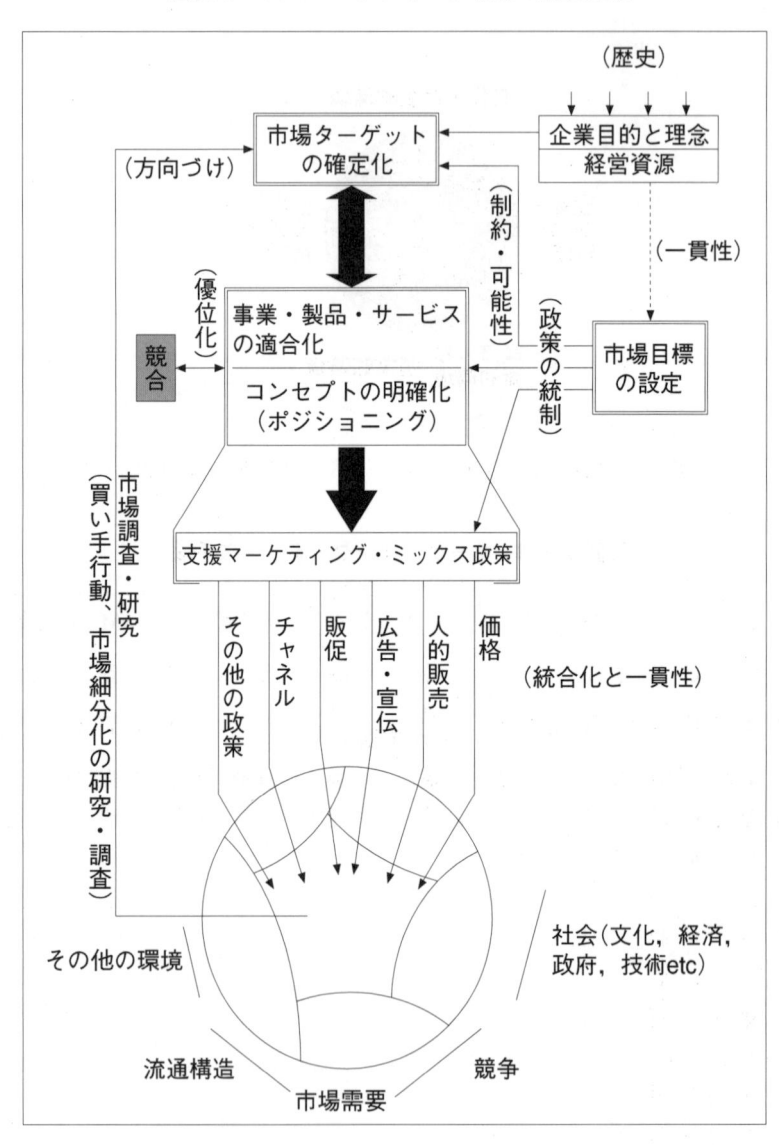

(歴史)

企業目的と理念
経営資源

市場ターゲットの確定化 ←

(方向づけ)
(制約・可能性)
(一貫性)

市場目標の設定

(優位化)
事業・製品・サービスの適合化
コンセプトの明確化（ポジショニング）
(政策の統制)

競合

支援マーケティング・ミックス政策

その他の政策／チャネル／販促／広告・宣伝／人的販売／価格

市場調査・研究
(買い手行動、市場細分化の研究・調査)

(統合化と一貫性)

その他の環境

社会（文化，経済，政府，技術etc）

流通構造　　市場需要　　競争

出所：嶋口充輝『戦略的マーケティングの論理』誠文堂新光社。

図表3-15　セグメンテーション基準の例

セグメンテーション基準

人口属性基準	年齢、性別、収入、家族人数、教育程度、職業、人種、宗教等
地理基準	国、地方、地域(行政区画)、人口密度、気候等
心理基準	性格、ライフスタイル等
行動基準	購買量、購買頻度、広告への反応度、価格変化への反応度、ブランド・ロイヤルティ、ストア・ロイヤルティ、メーカー・ロイヤルティ等

出所：野口智雄『ビジュアル　マーケティングの基本』日本経済新聞社。

図表3-16　プロダクト・ライフサイクルにおける特徴とマーケティング戦略

		導入期	成長期	成熟期	衰退期
特徴	売上	低	急成長	ピーク	低下
	コスト	高	平均	低	低
	利益	マイナス	上昇	高	低下
	顧客	イノベーター	初期採用者	大衆	採用遅滞者
	競争者	ほとんどなし	増加	安定	減少
マーケティング目的		知名とトライアル	シェアの最大化	利益最大化とシェア維持	支出削減とブランド収穫
戦略	製品	ベーシック製品	製品拡張サービス,保証	多様なブランド,モデル	弱小アイテムのカット
	価格	コストプラス法	浸透価格	競合者対応	価格切下げ
	チャネル	選択的	開放的	より開放的	選択的：不採算店舗の閉鎖
	広告	初期採用者とディーラーへの知名	大衆への知名と関心喚起	ブランドの差別的優位性の強調	コア顧客維持必要水準まで削減
	販促	トライアルをめざし集中実施	消費者需要が大きいため削減	ブランド・スイッチをめざし増加	最小限に削減

出所：和田充夫他『マーケティング戦略』有斐閣アルマ。

徴とそれに対応したマーケティング戦略は図表3－16に示されている。

(2) **製品戦略**

マーケティング・ミックスの中でも中核をなす製品戦略は，どのような製品をつくれば顧客ニーズを満たすことになるのかを考える領域である。ここでは，重要な三つの項目について述べることにする。

① 製品コンセプト

フィリップ・コトラーは製品を三つのレベルでとらえる必要性を示した（図表3－17）。清涼飲料を例にとると，顧客はドリンクそのもののパッケージ容器を買っているのではなく,その中核的便益は,のどの乾きを潤したいというニーズを買っているのである。製品そのものは，ネーミング，ブランド，製品品質，味・香，パッケージなどである。付随的サービスは，製品の取付け，取替え，保証などである。

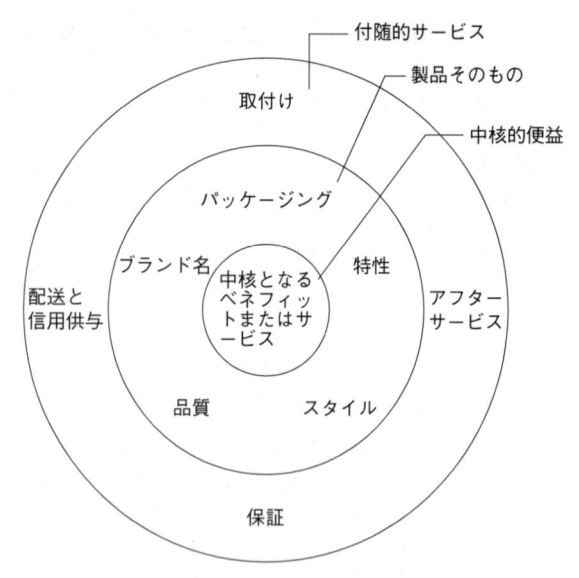

図表3－17　コトラーの製品概念

（同心円図：中心から外側へ）
- 中核となるベネフィットまたはサービス（中核的便益）
- ブランド名／パッケージング／特性／品質／スタイル（製品そのもの）
- 取付け／配送と信用供与／アフターサービス／保証（付随的サービス）

出所：P.コトラー『マーケティング・エッセンシャルズ』東海大学出版会。

② 新製品開発プロセス

新製品開発のプロセスは，図表3－18のようなステップを経ている。すなわち，アイディアの創造，そのアイディアのスクリーニング（精査）を行い，製品コンセプトを開発し，事業の収益性を検討しながら，製品開発を実施する。試作品が出来ると，テスト・マーケティングを実施しながら，市場からの情報をフィードバックして，製品開発に反映させながら，市場導入していくことになる。

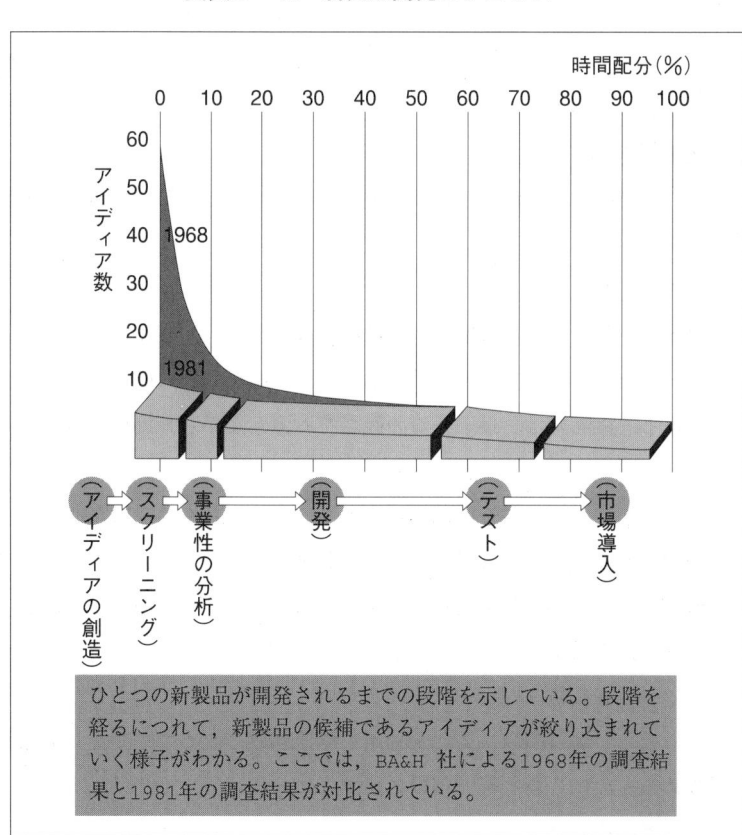

図表3－18　新製品開発のプロセス

ひとつの新製品が開発されるまでの段階を示している。段階を経るにつれて，新製品の候補であるアイディアが絞り込まれていく様子がわかる。ここでは，BA&H社による1968年の調査結果と1981年の調査結果が対比されている。

出所：和田充夫他『マーケティング戦略』有斐閣アルマ。

③　ブランド

ブランドとは，基本的に製品を識別させるものである。メーカーが全国市場に向けて販売しているブランドをナショナル・ブランド（ＮＢ）といい，大規模な販売業者による独自ブランドをプライベート・ブランド（ＰＢ）という。ＰＢの台頭の理由は，成熟期の製品に関して，顧客もその製品情報を持っており，価格に敏感である。また，メーカーに比べて，流通業者の力が相対的に強まったことなどが考えられる。

最近，デビッド・アーカーによると，ブランド・エクイティ（ブランド資産）は，「ブランドの名前やシンボルと結びついた資産及び負債の集合」と定義され，ブランド・ロイヤルティ，知覚品質，ブランド認知，ブランド連想などの構成要素からとなっている。

(3) **価格戦略**

これは，価格の設定方法とその管理運用について考える領域である。重要ポイントを次に示すことにする。

〇価格の設定方法

価格設定に影響を与える要因は，内部的には企業目標，製品差別化，マーケティング・ミックスなどであり，外部的には，供給業者，政府，経済状況などが考えられる。実際には，以下三つの観点を考慮しながら，価格設定が行われている。

　①コスト志向―――製造原価に一定の利幅を加えたものを販売価格とする
　②需　要　志　向―――顧客が思っている価格に対応する
　③競　争　志　向―――競争業者が同種製品に付けている価格に対応する

〇新製品の価格設定

　①　上層吸収価格（スキミング・プライシング）

　　メーカーが製品開発に要した費用を早期回収のために，また，製品価値を高めるために，高価格で市場に出すこと

　②　市場浸透価格（ペネトレーション・プライシング）

　　市場へ新製品を浸透させるために，低価格でマーケット・シェア獲得を

狙うこと
○流通チャネルへの価格対応
　①　メーカー希望小売価格
　　メーカー希望小売価格とは，メーカーが小売価格として希望する価格のことである。定価，参考価格とも呼ばれている。
　②　再販売価格維持制度
　　メーカーがブランド・イメージの低下を防いだり，一般小売商を保護するために，この仕組みは長年存在したが，1997年3月末に新聞，書籍，レコードなどを除いて廃止された。
　③　オープン価格
　　オープン価格とは，メーカーが小売価格を提示せず，流通業者の裁量にまかせている価格のことである。
○損益分岐点計算による価格設定
　　損益分岐点とは，利益の出始める点のことで，製品の採算性を計算するときに，用いられる。一般式は，次の通りである。

　　損益分岐点＝固定費／（1－変動費比率）

固定費とは，売上高の増減にかかわらず，かかる費用のことである。例えば，人件費，地代家賃，保険料，減価償却費などである。また，変動費とは，売上高の増減に応じて，変化する費用のことで，例えば，仕入高，荷造運賃費，広告宣伝費などである。費用を固定費と変動費に区分した場合に，製品価格の構成は，次の図表のようになる。

製品価格の構成

販売価格	変動費
	固定費
	利益

(4) プロモーション戦略

狭義の販売促進だけを意味するのではなく，顧客とのコミュニケーションや情報伝達活動のことであり，プロモーション・ミックス（広告，販売促進，人的

販売，パブリシティ等）を用いて，顧客にいかに効率的にメッセージ内容等を到達させるかを考える領域である。ここで重要なポイントにふれておく。

○顧客の購買決定プロセス－AIDMAモデル－とプロモーション・ミックス（図表3－19）

顧客に製品を購入してもらうには，顧客の購買決定プロセスに応じてプロモーション・ミックスを行う必要がある。顧客の購買決定プロセスを示した有名なモデルが，アイドマ・モデルである。これは，Attention（注意）→Interest（関心）→Desire（欲求）→Memory（記憶）→Action（行為）という購買心理プロセスを辿るというもので，顧客の注目を引き，製品に関心をもってもらい，買いたいという欲求を起こし，記憶させ，最終的に購買してもらうというものである。

○プッシュ戦略とプル戦略

プロモーション戦略の中に，メーカーから顧客に向かって押し出すプッシュ戦略と顧客をメーカーに引き寄せるプル戦略の両方がある。プッシュ戦略では，メーカーは卸売業者や小売業者に積極的に営業活動を行い，その手段は人的販売や販売促進が中心的な役割を果たすことになる。一方，プル戦略では，顧客

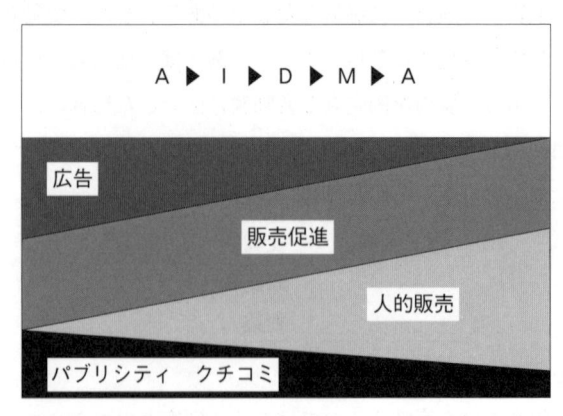

図表3－19　AIDMAとプロモーション・ミックス

A ▶ I ▶ D ▶ M ▶ A

広告
販売促進
人的販売
パブリシティ　クチコミ

出所：㈱グロービス『ＭＢＡマーケティング』ダイヤモンド社。

に広告などで刺激を与え，小売業者に来店させ，ブランド指名させ，小売業者の注文が卸売業者へ，メーカーへと流れていくことになる。

○IMC（Integrated Marketing Communication）

マーケティング・ファンクションの一つであるプロモーション戦略は，最近，情報伝達活動の意味合いから，コミュニケーション戦略と呼ばれてきている。企業活動としてのプロモーション・ミックスをコミュニケーション・ミックスと置き換え，その統合化・融合化を図るものが，インテグレーテッド・マーケティング・コミュニケーションである。

(5) 流通チャネル戦略

製品を顧客に届くようにするのには，どのようなルートが望ましいのかを考える領域である。この領域では，流通チャネルの構築と運用管理が重要である。なお，Placeは日本語で場所を意味しているが，マーケティングでは販売経路，流通ルート，流通チャネルとして捉えている。

○流通チャネル構築における視点

メーカーが流通チャネルを構築する際の視点は，次の3C（Control, Coverage, Cost）を決定することである。

①コントロール（Control）――――どの程度チャネルをコントロールしたいのか。
②カバレッジ（Coverage）――――どの程度多くの販売店に取り扱わせるのか。
③コスト（Cost）――――どの程度のコストをかけて，サービス水準にするのか。

コントロールを強化すれば，カバレッジやコストがかかるというように三つのバランスが大切である。

○流通チャネルの長さ

流通チャネルの長さとは，段階数のことをいう。図表3-20にみられるように，メーカーから顧客にダイレクトに流通される場合は，流通チャネルの長さはゼロである。どれくらいの流通チャネルの長さにするかは，ターゲット顧客に対し，市場状況，製品特性，自社経営資源などを考慮して決定していく。

○流通チャネルの幅

流通チャネルの幅とは，各段階の流通業者の数のことである。その数が多け

ればチャネルは広くなり，逆に少なければ狭くなる。次の三つがある。
①開放的チャネル──できるだけ多くの販売店に取り扱わさせるチャネルのこと。
②選択的チャネル──メーカーが選択した販売店に取り扱わさせるチャネルのこと。
③排他的チャネル──メーカーのコントロールの度合いが強いチャネルのこと。

○チャネル・キャプテン

流通チャネルの管理において，チャネル・コンフリクト（衝突）の解消努力やチャネル構成員メンバーの役割分担を行うのが，チャネル・キャプテンの任務である。チャネル・キャプテンには，市場情報把握力，人材力，経済力が必要とされる。

図表3－20　流通チャネルの段階数

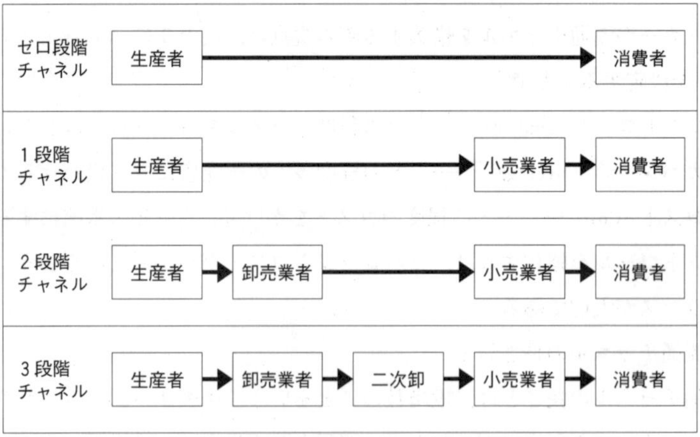

ゼロ段階チャネル	生産者	→			消費者
1段階チャネル	生産者	→		小売業者 →	消費者
2段階チャネル	生産者 →	卸売業者	→	小売業者 →	消費者
3段階チャネル	生産者 →	卸売業者 →	二次卸 →	小売業者 →	消費者

出所：㈱グロービス『ＭＢＡマーケティング』ダイヤモンド社。

3 マーケティングの新しい展開

マーケティングは現在進行形で,その概念の拡張とともに,その分野を拡大し深化し続けてきている。ここでは,主要な分野として,サービス・マーケティング,リレーションシップ・マーケティング,ソーシャル・マーケティングについてふれておくことにする。

(1) サービス・マーケティング (Service Marketing)

主にサービス業に適用されるマーケティングのことであり,提供されるのは商品ではなく,サービスである。サービス分野はサービス行為の本質としての有形行為,無形行為とサービスの直接的な受け手としての人,物財の観点から四つに区分され,①人の身体に向けられるサービス,②財や他の有形資産に向けられるサービス,③人の精神に向けられるサービス,④無形資産に向けられるサービスである。

特に,サービス業の従業員向けにマーケティングを行うことをインターナル・マーケティングと呼び,対顧客向けのマーケティングをエクスターナル・マーケティングと区分している。サービス企業では,商品と違って目にみえないサービスを提供する従業員の満足を高め,維持していくことが大切である。

(2) リレーションシップ・マーケティング (Relationship Marketing)

マーケティングの前につくデータベース,one-to-one,インターネット,パーミッションなどの修辞語でも示される分野は,リレーションシップ・マーケティングである。これは,顧客の満足を高め,深い信頼に基づく顧客との長期継続的な関係を築こうというもので,関係性マーケティングといわれる。マネジリアル・マーケティングが顧客の創造・獲得に重点があったのに対して,リレーションシップ・マーケティングは顧客の維持・発展に重点があり,相互補完し合う位置付けにあるといえよう。

(3) ソーシャル・マーケティング (Social Marketing)

ソーシャル・マーケティングとはマーケティング・コンセプトの拡がりから大きく二つの分野に分かれている。一つは,社会志向のマーケティングであり,

もう一つは，非営利組織のマーケティングである。

　社会志向のマーケティングにおいては，従来，マネジリアル・マーケティングに欠けていた空き缶問題や公害問題に代表される環境問題にも対応していくものであり，マネジリアルとソーシャル両方におけるマーケティング統合化の必要性が重要となってきている。

　また，非営利組織におけるマーケティングでは，マーケティングの考え方を病院・大学・自治体などの非営利組織に活用するものであり，その組織の果たす使命がマーケティング目的となっている。

[参考文献]

1　矢作恒雄他『インタラクティブ・マネジメント』ダイヤモンド社，1996年。
2　矢作敏行『現代流通』有斐閣アルマ，1997年。
3　宮下正房『現代の流通戦略』中央経済社，1999年。
4　嶋口充輝他『営業・流通革新』有斐閣，1998年。
5　社会文化システム研究所VALIS『入門の入門　流通のしくみ』日本実業出版社，1998年。
6　日経流通新聞編『流通経済の手引き'99』日本経済新聞社，1998年。
7　小林隆一『ビジュアル　流通の基本』日本経済新聞社，1998年。
8　流通問題研究協会編『変貌する流通とマーケティング・チャネル』税務経理協会，1979年。
9　石井淳蔵『流通におけるパワーと対立』千倉書房，1978年。
10　三輪芳朗他『日本の流通』東京大学出版会，1991年。
11　田村正紀『日本型流通システム』千倉書房，1986年。
12　シェス他　流通科学研究会訳『マーケティング理論への挑戦』東洋経済，1991年。
13　コトラー他著　和田充夫他訳『マーケティング原理』ダイヤモンド社，1997年。
14　コトラー著　村田昭治監修『マーケティング・マネジメント』プレジデント社，1999年。
15　江尻　弘『マーケティング思想論』中央経済社，1997年。
16　和田充夫他『マーケティング戦略』有斐閣アルマ，1996年。
17　嶋口充輝『戦略的マーケティングの論理』誠文堂新光社，1984年。
18　加藤勇夫『マーケティング・アプローチ論』白桃書房，1993年。
19　村田昭治他編『現代マーケティングの基礎理論』同文舘，1993年。
20　嶋口充輝『柔らかいマーケティングの論理』ダイヤモンド社，1997年。
21　野口智雄『ビジュアル　マーケティングの基本』日本経済新聞社，1998年。
22　野口智雄『ビジュアル　マーケティングの先端知識』日本経済新聞社，2002年。
23　コトラー他著　井関利明監訳『ソーシャル・マーケティング』ダイヤモンド社，1995年。
24　バーテルズ著　山中豊国訳『マーケティング学説の発展』ミネルヴァ書房，1993年。
25　阿部真也他編『流通研究の現状と課題』ミネルヴァ書房，1995年。

第4章　物的流通

第1節　物的流通の概念

われわれは，毎日多種多様なモノを消費することによって豊かな生活を送っている。食卓をみれば，国内外で生産された生鮮野菜，果物，加工食品，そして世界中の海で捕れた魚介類を食べている。衣料品にしても最近ではアジアの国々で作られた品質の良いものを低価格で着ることができる。電気製品にしろ同様である。このことは，これまでみてきた卸売りや小売りが，生産者から消費者へ売買によってモノの所有権を移転させること（商的流通）に伴って，モノ自体が生産者から消費者へと流されるからである。本章ではこのモノ自体の流れについて整理してみる。

1　物的流通の定義

「物的流通」という言葉は，英語のフィジカル・ディストリビューション（physical distribution）の訳語である。この語は，アメリカにおいて20世紀に入ってまもなく使用され始めた。わが国では，1956年に日本生産性本部がアメリカに派遣した視察団によって，この言葉が持ち帰られたことから使われ始め，「物的流通」という言い方が日常業務のなかでは，短縮されて「物流」というよう

に使われることが多くなり，現在ではそれが主流となっている（本章でも以下「物流」とする）。

まず流通とは，生産と消費の中間にあって両者の間にある社会的・場所的・時間的隔たりを結びつけるものである。この社会的隔たりは，生産する人と消費する人が異なることであり，その隔たりは商取引の契約やその実行，代金の決済等によって生産者から消費者へと所有権を移転することで結合される。これを商的流通（商取引流通）という。一方，生産する場所と消費する場所が異なるという場所的隔たりや生産される時期と消費される時期が異なるという時間的隔たりは，生産者から消費者の居る場所や消費者が必要とする時にモノを移動させることでその隔たりを埋めている。この場所的・時間的隔たりを結合するのが物流である。そして物流は商的流通において成立した取引に基づいて物理的に商品の受け渡しをするものである。たとえば新潟県や宮城県等で生産され，秋に収穫された米を全国の消費者が周年にわたっておいしく食べることができるのは，場所的隔たりを輸送によって，時間的隔たりを保管によって，この物流が行っているからである。

物流の定義については，多くの学者や実務家，審議会，調査委員会等が行っているが，ここでは菊池康也教授による定義を示しておく。「物流は，モノを生産者から消費者に至る場所的・時間的隔たりを克服する物理的な経済活動であり，具体的には，輸送，保管，包装，荷役，流通加工，情報の活動から成っている1)。」そして物流は単なるモノの流れではなく，経済的活動である流通の物理的側面をさしているとし，さらにこの定義についての留意点として，以下の3点をあげている。①モノは，生産された商品だけでなく，生産や販売あるいは消費にともなって発生する容器包装，包装資材などの廃棄物も含む。②消費者とはいわゆる一般消費者だけではなく，製造業者，卸・小売業者などの需要者，需要家を含む。③流通加工は，モノの形質の効用を創出する活動であるところから生産であるとする考えがあるが，流通加工は生産と物流のどちらに属してもおかしくない活動領域にあり，また，その目的が物流システムの効率化にあるところから，物流の機能の拡大と考えて物流に含める2)（・の部分は筆者により加筆）。

図表 4 − 1

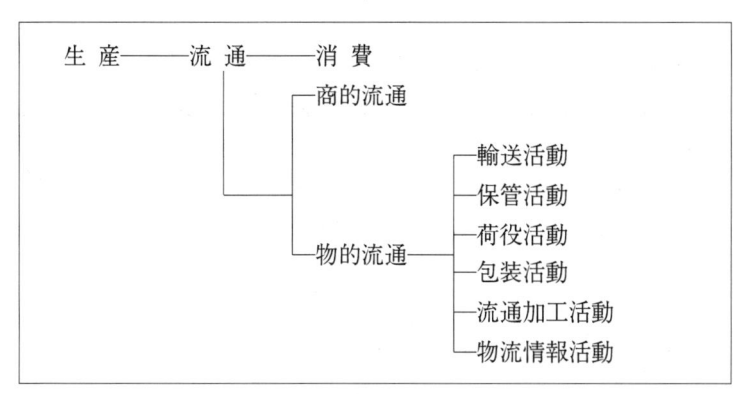

```
生 産────流 通────消 費
            ├─商的流通
            │
            └─物的流通─┬─輸送活動
                      ├─保管活動
                      ├─荷役活動
                      ├─包装活動
                      ├─流通加工活動
                      └─物流情報活動
```

出所：谷本谷一『物流・ロジスティクスの理論と実態』白桃書房, 2000年, p.15
　　　を一部修正。

2　物流の領域

　従来物流は，図表4－1に示すように流通過程を商的流通と物的流通とに分け，物的流通（物流）は輸送，保管，荷役，包装，流通加工，および物流情報活動からなるとされてきた。つまり物流は，流通過程にのみ存在しているとされてきたが，前述の定義の留意点①②が示すように生産過程にも消費過程にも存在している。そこで物流の領域を示すと図表4－2のように，調達物流，社内物流（生産物流），販売物流，回収物流・廃棄物流からなっている[3]。

a．調達物流

　サプライヤーから製品の開発計画に基づいて原材料，部品，燃料等を調達する段階の物流のことをいう。

b．社内物流（生産物流）

　たとえばアセンブルメーカーであれば，下請工場との部品，半製品等の受け渡し，生産ラインでの部品，半製品の配置，完成品の工場倉庫や物流センターへの輸送，保管，在庫管理といった生産過程における物流を指す。

図表4－2　物流の領域

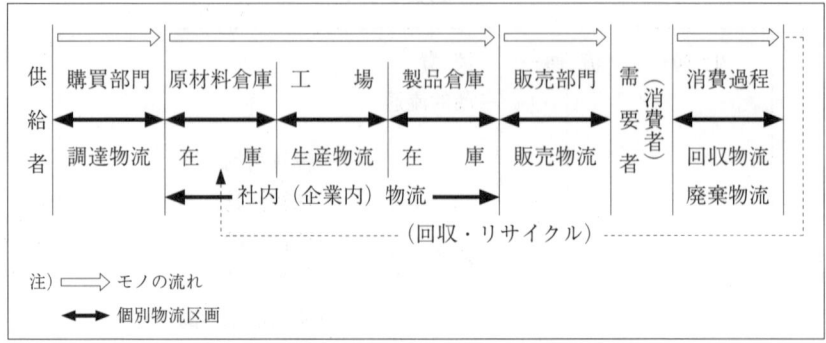

供給者	購買部門	原材料倉庫	工　　場	製品倉庫	販売部門	需要者（消費者）	消費過程
	調達物流	在　庫	生産物流	在　庫	販売物流		回収物流 廃棄物流

社内（企業内）物流
（回収・リサイクル）

注）⇒ モノの流れ
　　↔ 個別物流区画

出所：國領英雄編著『現代物流概論』成山堂書店，2001年，p.50。

c．販売物流

　生産された製品を商品として市場に出し，卸売業者，小売業者から消費者へと渡す販売過程における物流のこと。この販売物流が流通過程における物流の中心といえる。

d．回収物流・廃棄物流

　回収物流の対象は，返品と廃棄物・ゴミであり，不良品や売れ残りなどの回収を返品物流という。廃棄物流は，商品の消費過程で発生する解包装後の発泡スチロールや段ボール，空き缶，空き瓶等を処理し，自然に還す過程の物流のことである。そしてこの残滓を処理し，再利用可能なものを回収して戻すのをリサイクルという。そしてこの廃棄物流やリサイクル過程での物流を静脈物流と呼び，生産財の調達から消費者に至る調達物流，生産物流，販売物流を動脈物流と呼んでいる。これまでは，動脈物流にばかり焦点が当てられる傾向にあったが，大量生産，大量流通，大量消費によって引き起こされてきた地球環境問題への対応として循環型社会を構築するうえで，静脈物流の役割は重要なものとなってきている。

第2節　物流を構成する諸活動

　本節では，物流を構成する輸送・保管・荷役・包装・流通加工・物流情報の六つの活動について概観する。物流活動はこれらの六つの要素が，単独ではなく有機的に結合することによってその働きを高めている。

1　輸　　送（transportation）

　輸送とは，自動車，鉄道，船舶，航空機，その他の輸送手段によってモノを場所的に移動させることである。たとえば，生産に必要な原材料であれば原産地から工場へ，商品化した製品であれば製造工場から卸売業・小売業，そして最終消費者へと，モノの産出地と需要地との場所的距離が輸送によって克服され，モノの場所的効用が創出されることになる。物流は生産と消費の場所的・時間的隔たりを結合する物理的な経済活動であり，この場所的隔たりが輸送によって埋められている点からすると，輸送は物流の中核であるといえる。

　輸送には類似した言葉として「運搬」があるが，輸送が物流拠点間を主として公共の空間を経てモノを移動させることを指すのに対して，運搬は施設内の移動をいう。また輸送のなかで短距離小口の末端輸送のことを「配送」と呼んでいる。

　輸送は，通路の違いによって陸上輸送，水上輸送，航空輸送に大別され，輸送機関は種類別に鉄道，自動車（トラック），船舶，航空機に分類される。この輸送機関の選択が物流の効率化にとって重要な問題となり，①商品の性質と価格，②輸送距離，③輸送量のユニット，④荷送人と荷受人の立地条件[4]などにより輸送機関が決定される。わが国における国内貨物輸送の輸送機関別分担率の推移をトンキロベースでみると，1970年度には自動車が38.9％，内航海運43.1％，鉄道18.1％であったが，2001年度には自動車53.9％，内航海運42.1％，鉄道3.8％となっており，自動車のシェアが伸びているのに対して鉄道は大幅に低下している（図表4－3）。

図表4－3　輸送機関別国内貨物輸送トンキロと分担率

上段：百万トンキロ，下段：％

年　度	貨物輸送量	鉄　道	自動車	内航海運	航　空
1970	350,656	63,423	135,916	151,243	74
(昭45)	100.0	18.1	38.9	43.1	0.0
1975	360,779	47,347	129,701	183,579	152
(昭50)	100.0	13.1	36.0	50.9	0.0
1980	439,065	37,701	178,901	222,173	290
(昭55)	100.0	8.6	40.7	50.6	0.1
1985	434,160	21,919	205,941	205,818	482
(昭60)	100.0	5.1	47.4	47.4	0.1
1990	546,785	27,196	274,244	244,546	799
(平2)	100.0	5.0	50.1	44.7	0.1
1995	559,003	25,101	294,648	238,330	924
(平7)	100.0	4.5	52.7	42.6	0.2
1996	573,196	24,968	305,510	241,756	962
(平8)	100.0	4.4	53.3	42.2	0.2
1997	568,880	24,618	306,263	237,018	981
(平9)	100.0	4.3	53.8	41.7	0.2
1998	551,554	22,919	300,670	226,980	985
(平10)	100.0	4.2	54.5	41.2	0.2
1999	560,161	22,541	307,149	229,432	1,039
(平11)	100.0	4.0	54.8	41.0	0.2
2000	578,000	22,136	313,118	241,671	1,075
(平12)	100.0	3.8	54.2	41.8	0.2
2001	580,710	22,193	313,072	244,451	994
(平13)	100.0	3.8	53.9	42.1	0.2

出所：国土交通省総合政策局情報管理部編『交通経済統計要覧（平成14年版）』より作成。

次に各輸送機関の特性と種類についてみてみる[5]。

(1) 鉄　道

鉄道輸送の特性をあげると以下のような点があげられる。

〈長所〉　a．大量の物資を一時に効率的に輸送できる。
　　　　b．軌道輸送であるために事故に対する安全度が高い。
　　　　c．定時性がある。
　　　　d．大量貨物・遠距離輸送には運賃が割安となり経済的である。
　　　　e．低公害で省エネルギー型である。
〈短所〉　a．中・近距離輸送では運賃が割高である。
　　　　b．貨物取り扱い駅が限られているため，運行の自由に限界がある。
　　　　c．積み替え，集配による時間や費用のロスが大きい。
　　　　d．緊急を要する輸送には適さない。
　また鉄道輸送は取り扱い方法により次の3種類に分けられる。
① 車扱い
　貨物の数量や形状等に適した専用貨車を一車貸し切って行う輸送で，大単位，大量貨物，または1個の長さ，重量，容積などが特に長大な貨物の輸送に適している。発着駅での貨物の積み卸しは荷主が行い（実際は鉄道利用運送業者つまり通運業者が行う），鉄道は定められた発駅から着駅まで貨車を貨物列車に編成して運行するだけである。セメント，石油，石灰などが主な輸送品である。
② コンテナ扱い
　貨物を一定の規模（5トン，あるいは10トン）のコンテナに入れて運送する場合の扱い方法。戸口から戸口まで鉄道のもつ大量輸送性と自動車（トラック）のもつ機動性とを結合させて一貫輸送するものである。コンテナの開発によって荷造費の大幅な節減が図れ，荷役の機械化によって輸送時間も短縮され，貨物の破損や紛失事故が防止されるなど的確かつ安全な輸送方法である。食料品，化学工業品，農産物等，輸送品目は多い。
③ 混載車扱い
　通運業者が一般の荷主から委託された小口の貨物を行き先別に貨車あるいはコンテナ単位にまとめ，これを鉄道の車扱い，またはコンテナ扱いとして輸送する方法である。

(2) 自 動 車

自動車（トラック）輸送の一般的な特性は次のようである。

〈長所〉　a．戸口から戸口までの一貫輸送のサービス体制が取りやすい。
　　　　　b．中・少量貨物の近距離輸送には運賃が割安で経済的である。
　　　　　c．輸送途中の荷役が少なく，荷造り包装が簡易でよい。
　　　　　d．自動車には種々の車両があり，多種多様な輸送需要に対応できる。

〈短所〉　a．大量輸送に適さない。
　　　　　b．長距離輸送は運賃が割高になる。
　　　　　c．交通事故，公害が多い。

以上のように機動性や迅速性に優れた自動車輸送は，多頻度少量配送の要請の高まりや高速道路等のインフラの整備により国内輸送機関の主役となっている。自動車輸送は自家用自動車輸送と営業用自動車輸送に分けられる。自家用自動車輸送は自己の荷物を自分で輸送することで，営業用自動車輸送は自己の荷物を輸送するのではなく，他人の荷物を受託によって有償で輸送するものである。この営業用自動車輸送には一般貨物自動車運送，特定貨物自動車運送，貨物軽自動車運送がある。

① 一般貨物自動車運送

　一定の路線で定期的にトラックを運行し，一般荷主の依頼によって貨物を積み合わせて輸送したり，指定された営業区域をトラックを貸し切って輸送する。

② 特定貨物自動車運送

　特定な荷主と専属的にトラックの運行を契約し，一定期間継続して輸送を行う。

③ 貨物軽自動車運送

　軽トラックやオートバイを使用して貨物を運送する。

(3) 船　　舶

船舶による海上輸送の特性は次のようなものがあげられる。

〈長所〉　a．一度に大量の貨物を輸送できる。

　　　　　b．長距離運賃が安い。
　　　　　c．重量品，巨大貨物の輸送に適している。
　　　　　d．原材料のバラ輸送が可能である。
　　〈短所〉a．輸送速度が遅い。
　　　　　b．天候の影響を受けやすく，輸送時間の正確性に劣る。
　　　　　c．港湾施設費や荷役に多額の費用がかかる。
　船舶輸送には，主に専用船，コンテナ船がある。
　① 専用船
　　特定の貨物だけを積んで，安全かつ能率的に輸送できる特殊な構造設備をもった貨物船で，タンカー，鉄鉱石運搬船，自動車専用船，青果物専用船，石灰石専用船などがある。
　② コンテナ船
　　海上コンテナを使用して，荷送り人の戸口から荷受け人の戸口まで海陸協同一貫輸送を行うものである。

(4) 航 空 機

航空輸送の一般的な特性をあげると次のようになる。
　　〈長所〉a．輸送速度がきわめて速い。
　　　　　b．包装，荷造りが簡単で貨物の損傷が少ない。
　　　　　c．運賃負担力の高い少量商品の長距離輸送に適している。
　　〈短所〉a．運賃が高い。
　　　　　b．重量制限があり，大量輸送や重量物には適さない。
　　　　　c．空港周辺地域に利用が限定される。
　航空貨物輸送は，以上の特性から電子機器部品や鮮度を必要とする高級生鮮食料品などに利用されている。近年大型貨物専用機の就航や航空貨物のコンテナ化により航空貨物の取り扱いは増加しているものの，他の輸送機関と比較すると極めて少ない。

2 保　　管（storage）

　輸送が場所の隔たりを克服するのに対して，保管は需要と供給の時間的な隔たりを克服する活動である。保管は単にモノを貯蔵しておくだけでなく，そのものの品質や形状が変化しないよう管理することが必要である。
　保管には次のような機能がある[6]）。
① 時間的需給調整機能
　コメのように収穫が一時期に集中し，消費は年間を通じて行われるような場合や，電化製品のように需要予測のもとに見込み生産される場合は，実際の需要が発生するまで生産されたものを保管し，供給しなければならない。
② 価格調整機能
　大量の商品を一時期に供給すると価格は暴落するが，これを保管して需要に応じて供給すれば暴落を防ぐことができ，また逆に商品不足による価格の高騰を防ぐこともできる。
③ 輸配送や出荷作業の準備機能
　注文に応じて出荷や輸配送をするためには，注文のありそうな商品を在庫しておき，注文に従って在庫商品をすみやかに出荷，輸配送にとりかかることができる。

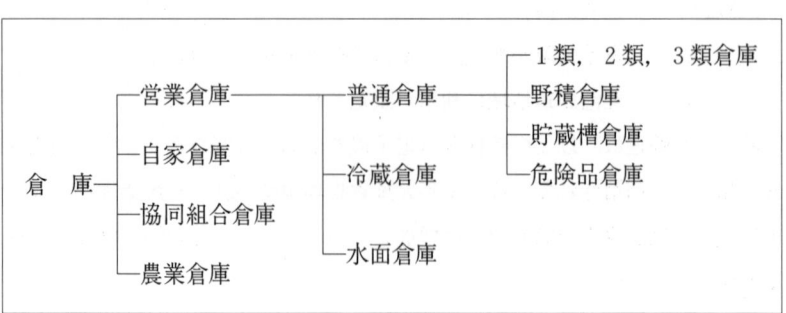

図表4－4　倉庫の体系

倉庫	営業倉庫	普通倉庫	1類，2類，3類倉庫
	自家倉庫		野積倉庫
	協同組合倉庫	冷蔵倉庫	貯蔵槽倉庫
	農業倉庫	水面倉庫	危険品倉庫

出所：中田・橋本『最新版　入門の入門　物流のしくみ』日本実業出版社，2002年，pp.160-161。

この保管は倉庫で行われ，その倉庫の体系は図表4－4のように示される。経営形態から営業倉庫，自家倉庫，協同組合倉庫，農業倉庫の四つに分類され，物流専門機関としての倉庫は一般的には営業倉庫を指す。これは倉庫業法に基づいたもので，荷主の委託に応じて保管行為を行う倉庫業者所有の倉庫であり，普通の商品を保管する普通倉庫，低温の生鮮食料品のような温度管理の必要な商品のための冷蔵倉庫，材木など水に浮かべて貯蔵する水面倉庫に分類されている。

3　荷　　役（materials handling）

荷役は輸送，保管の前後に付随して発生する作業で，荷物（商品）の積卸し，運搬，積付け，取出し，仕分け，荷揃えなどをいう。輸送が場所的効用を，保管が時間的効用を創出するのに対して，荷役それ自体は価値を創り出すものではないが，輸送や保管の能力や効率の向上を助ける上で重要なものである。

荷役の作業は以下のようである[7]）。

- 積卸し——トラックや船舶などの輸送機器に対して荷物を積み込むことと取り卸すこと。
- 運　搬——荷物を比較的短い距離に移動させること。
- 積付け——荷物を規則正しく積み上げる一連の作業のこと。
- 取出し——保管場所から荷物を取り出すこと。
- 仕分け——荷物を品種別，送り先方面別，顧客別などに分けること。
- 荷揃え——出荷する荷物を輸送機器にすぐ積み込めるように揃えること。

また荷役を分類すると，場所別には自家用物流施設荷役（工場，倉庫，配送センター等での荷役）と物流事業者用施設荷役（駅，港湾，空港等での荷役）とに分けられ，輸送機関別では，トラック荷役・貨車荷役・船荷役・航空機荷役に分けられる。

4　包　　装（packaging）

包装は，日本工業規格（JIS）によると「物品の輸送，保管，取引，使用など

に当たってその価値および状態を保護するために適切な材料，容器などを施す技術，または施した状態。これを個装，内装および外装の3種類に大別する」とある。

「個装」は物品個々に対する包装で，最終消費，つまり小売店における最小販売単位としての包装である。「内装」はその個装分をいくつかまとめて最低取引単位として包装されたもので，物品に対して水，湿気，高熱，衝撃等外部からの影響を防ぐための包装である。「外装」は輸送や保管を行う最大単位の包装で，物品または包装物品を箱，袋，缶に入れ，または無包装のまま結束し，記号，荷印などをした状態である。物流上の包装はこのうちの内装と外装が含まれ，次のような条件が必要とされる[8]。

① 末端の小売店まで商品を傷つけず，品質を損なわず，きれいなままで届けること。
② 保管しやすく，荷役が容易で，動かしやすい状態の包装であること。
③ 倉庫での保管効率や輸送機関における積載効率が良く，物流コストの低減を可能にする包装であること。

これらの条件を満たすために，包装材料，包装形態，包装方法の3側面からの技術開発がなされている。また包装は，役割を終えると不要物となり廃棄されるため，今日の資源・環境問題の観点から，再使用・リサイクル可能な包装に留意しなければならない。

5 流通加工 (transformation in distribution)

流通加工とは，流通過程で商品に加えられる形態変化のための活動である。具体的には，卵・食肉・鮮魚などを小分けしてパッケージ化したり，衣料品の陳列前の値札付けやハンガー掛け，ギフトセットの詰め合わせといったことから，ガラスメーカーで生産されたガラスとサッシメーカーで生産されたサッシが，注文先の建築会社に輸送されるまでに注文に応じたガラスサッシに組み立てられるといったこと等である。

このような流通加工は以下のような目的のもとで行われている[9]。

① 流通段階で顧客ニーズに適合した加工を施す。
② 輸送効率上から流通段階で最終加工したほうが適切な場合に施す。
③ 商品に付加価値をつけて，商品を差別化させる。
④ 食品のような場合にはできるだけ新鮮な状態で消費者に販売する。

市場競争の激化による他社との差別化競争の高まりや消費者のニーズの多様化に対応するためには，流通段階での加工の必要性は高まるばかりである。

6 物流情報 (date processing for physical distribution)

物流情報とは，物流活動において倉庫に何がどれだけあるのかといった在庫情報や何をどれだけいつまでに運ぶのかという出荷情報，また荷物がどの辺りを輸送されているのかといった追跡情報など，物流に係わる情報である。そしてこの情報の収集・処理・伝達に関する活動を物流情報活動という。これは輸送・保管・荷役・包装・流通加工を円滑にさせるための支援活動である。

物流情報は物流活動における役割別に分類すると，①受注情報，②在庫情報，③生産指示情報（仕入指示情報），④出荷情報，⑤物流管理情報に分けられる。具体的には顧客からの注文と販売数量，それに基づく品揃えの方針決定や維持，棚管理といった在庫管理，ピッキングや配車計画，そしてこれに伴う商品の荷痛みや誤出荷・誤配送といったクレーム情報等である。

情報化の進展により，コンピュータの導入によって個々のデータの処理が迅速になっただけでなく，情報を統合し，物流活動全体が一つのシステムとして形成され，モノの流れを全体的にとらえ，管理することが可能になった[10]。

第3節　物流の効率化

前節では物流を構成する諸活動について基本的な働きについて概観したが，本節では荷主のニーズに対応しながら，物流コストを低減する物流の効率化について主に技術革新の面からみてみる[11]。

1 輸　送

(1) 複合一貫輸送 (intermodal transportation)

　前述のように鉄道,自動車(トラック),船舶,航空機は,それぞれ長所と短所があった。複合一貫輸送とは,物を安全・迅速かつ経済的に届けるためにそれぞれの長所をうまく結びつけて合理的な輸送を行おうとするものである。つまり,トラックのもつ機動性(利便性)と鉄道や船舶がもつ大量性・経済性を組み合わせて,戸口から戸口への一貫性を保ちながら,輸送の効率化・低廉化・迅速化を図る方式である。

①　ピギーバック　　1950年代からアメリカで普及したシステムで鉄道とトレーラー輸送を結合したもの。トレーラーのトラクターをはずしたコンテナ部分を鉄道の平貨車に載せて運ぶシステム。わが国ではコンテナ部分を積み込むのではなく,コンテナトラックをそのまま貨車に載せて運ぶ方式(カートレーン方式)がとられている。

②　フレートライナー　　トラックと鉄道の複合一貫輸送の一形態で,積載能力の高いコンテナを使い,専用貨車によって高速で直通の長距離輸送を行う。

③　長距離フェリー　　船舶とトラックの連携によるもので,輸送の中間でドライバーが不要となり,トラックの長距離輸送では必須のものとなっている。

　この複合一貫輸送は国内輸送だけでなく,製品輸送が多くなった国際輸送において,時間と運賃を考慮に入れながら,トラックと船舶(海上コンテナ)やトラックと航空機(航空コンテナ),さらには船舶と航空機を結びつけた輸送(シーアンドエアー)が行われている。

　以上は地域間輸送の効率化であるが,地域間輸送の一部である配送の効率化は,複数の企業が共同で配送する共同配送によって行われている。これはトラックの積載効率の向上や共同仕分け,定時配送を可能にした。

　またわが国の国内貨物輸送は,前節でみたようにトラック輸送への依存が大きい。トラック輸送に関する労働力不足,交通渋滞,大気汚染等といった問題

から，幹線での貨物輸送においてトラックから鉄道や船舶へと転換し，トラックと連携して複合一貫輸送を推進しようとすることをモーダルシフトという。

(2) **ユニットロードシステム**（unit load system）

異種輸送機関の複合一貫輸送を円滑に行うためには，積み替えの合理化つまり同じ荷姿で一貫して運ぶことが必要になる。多量の品物を扱う際にコンテナやパレットを用いて，個々の品物を一単位にまとめて扱う方式をユニットロードシステムという。これによって，輸送の合理化のみならず，荷役の機械化，省力化，積替えの迅速化，荷痛みの防止，荷造り・包装の簡易化等，荷役や包装，保管の合理化が図れる。

前述のフレートライナーのように，コンテナを使って複合一貫輸送を行う方式をコンテナリゼーションといい，パレットを用いて複合一貫輸送を実施することを一貫パレチゼーションという。パレチゼーションはパレットのコスト負担が大きいことや回収が難しいといった問題点があるが，パレットの規格を統一し，個別企業や業界を超えて利用できるようなシステムをつくることが課題となっている。

2　保　　管

消費者ニーズの多様化により，生産が多品種少量生産になってくると，大量生産時代のように単一品目を大量に保管する必要がなくなってきた。そして消費者のニーズに迅速に対応するためには，きめ細かい在庫管理や流通加工が必要になったことから，保管を主要な機能としてきた倉庫のあり方に変化が生じている。また自動車の製造にみられるように，工場での部品等の在庫ゼロ化（JIT：ジャストインタイム）が多くの分野で行われるようになり，輸送と保管の関係において保管機能が輸送活動に包摂されるようになってくると，保管を目的とした貯蔵倉庫から物流の中継基地としての流通倉庫へと転換がすすんでいる。流通倉庫は商品の保管期間が比較的短く，頻繁に商品の入出庫があり，貯蔵よりもピッキングや仕分けといった荷さばきの向上を主目的とする倉庫である。近年，入出庫を迅速に行うために情報処理システムと連動した機械化荷役

を無人で行うコンピュータ管理の自動倉庫が普及してきている。

3 荷　役

荷役は輸送活動と保管活動に付随するものであるが，流通過程において荷役の関係する箇所は多く，従来人力に頼ることが多かったところだけに急速な機械化が進められた。荷役の機械化はフォークリフト，クレーン，コンベアなどである。パレチゼーションによってパレットをフォークリフトで荷役できるようになり，荷役の省力化・スピード化が進み，輸送や保管の効率化が促進した。またコンテナリゼーションにより，特に港湾荷役においてはクレーンによるコンテナの積卸しの効率化は大きい。近年の倉庫の機能変化により，荷役は仕分けやピッキングが重要な作業となっている。この分野では自動コンベア，高速自動仕分機などが採用されている。

4 包　装

包装の分野での効率化は，荷役が機械化されたことで積替え等による衝撃や振動の影響が小さくなり，また包装を簡素化することが可能になり包装コストの軽減が図られたことである。包装材料は軽量で加工しやすくコストがかからない段ボールやプラスチック，紙といったものに転換された。また荷役の機械化は荷姿を一定に揃えなければならないため，パレット上の複数の商品に熱収縮性のプラスチックフィルムをかぶせ，全体を加熱してフィルムを収縮させ梱包して荷崩れを防止するパレットシュリンク包装が行われている。

5 流通加工

流通加工は，もともと物流の効率化を図るために消費者に近いところで消費者のニーズに対応する作業や製品加工をするものである。コンビニエンス・ストアにみられるように，消費者のニーズに伴う多頻度少量配送の要請はピースピッキング（単品仕分け）を必要とした。この仕分け作業の生産性向上のために導入されたのがデジタルピッキングシステムである。これは商品が単品でバ

ラ保管されている棚にコンピュータの指示によって必要な商品と数がデジタル表示され，作業者はこの表示によって商品を取りコンテナに入れるシステムで，従来のように指示票を見る必要がなく作業効率を向上させることができる。

6 物流情報

　物流における情報処理は，調達・製造・販売それぞれの局面において適切な判断と行動を行うためのものである。小売店の販売情報（POS）とそれに連動したEOS（電子受発注システム）が物流管理にフィードバックされ，商品の補充がオンタイムで行われるといったように，販売情報と物流管理情報が直結していれば商品の欠品を避けることができる。EOSによって発注伝票の作成がなくなり，オンラインでデータが送信されるので受注から納入までの時間が短縮され効率化できる。さらに受発注に限らず様々な情報をやりとりするEDI，また最近では個別企業間にとどまらず，VANやインターネットのような情報通信網により，メーカー・流通業者・物流業者等多くの企業がネットワークで結ばれ，情報を共有することによって経営の革新をめざそうとしている。

第4節　ロジスティクスとサプライチェーンマネジメント

1　物流からロジスティクスへ

　前節でみたように，物流を構成する輸送，保管，荷役，包装，流通加工，物流情報活動は，それぞれの部門で効率化に必要な機械や設備の導入，作業方法の改善，情報化による管理システムの導入等により個別の合理化を行ってきた。しかし，物流が時代とともに量的に増大し，消費者ニーズの多様化によって質的にも多種多様になってくると，これまで行ってきた個別の効率化・合理化では十分にその成果が発揮されないことから，個々の部門を超えて物流全体をシステムとして捉え，全社的に対応する必要が出てきた。これが物流からロジスティクス概念への発展である。わが国では1980年代から90年代にかけて，この

ロジスティクス概念の導入がみられた。

ところで「ロジスティクス（logistics）」という言葉は，軍事用語で「兵站」と訳されている。兵站とは戦場における最前線で味方の軍隊が最大の力を発揮できるように兵器，弾薬，食糧等を最適に配置，供給し，味方を勝利に導くための後方支援戦略のことである。これをビジネスに応用したのがビジネス・ロジスティクスで，物流とは異なる概念として登場し，現在ではロジスティクスのみで用いられている。

従来の物流は，図表4－5が示すように消費者ニーズに対応すべく開発，生産した製品を市場へ供給する（product out）というモノの流れの経済活動で，社内物流（生産物流）や販売物流を中心に部分的な効率化を図ることにあった。それに対しロジスティクスは，消費者ニーズを起点に，生産も原材料調達もそれに従って発する（market in）という考え方により，調達物流から消費者までの物流の全過程を一つのプロセスとして捉え，全体的な流れを統合し効率的なシステムを構築することにある。つまり，単に物流の合理化を中心とした後方支援だけでは市場競争に勝てないという観点から，物流合理化を含むものの，

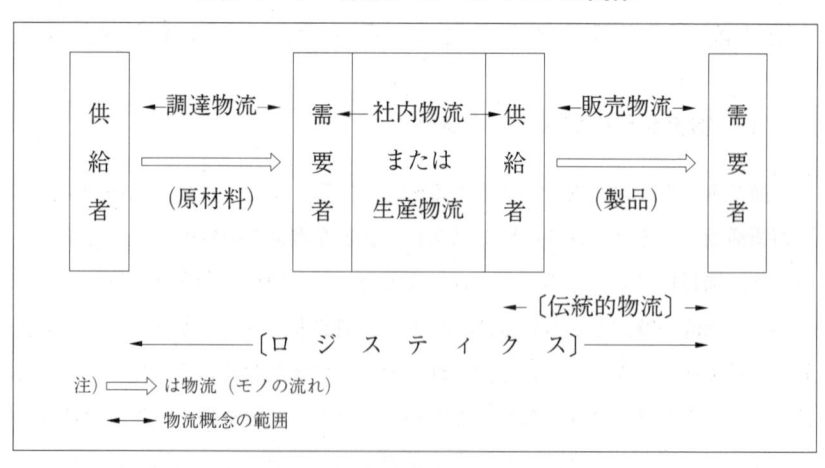

図表4－5　物流とロジスティクスの関係

| 供給者 | →調達物流→ (原材料) ⇒ | 需要者 | 社内物流または生産物流 | 供給者 | →販売物流→ (製品) ⇒ | 需要者 |

　　　　　　　　　　　　　　　　　　　　←〔伝統的物流〕→
　　　　←〔ロ　ジ　ス　テ　ィ　ク　ス〕→

注）⇒ は物流（モノの流れ）
　　←→ 物流概念の範囲

出所：國領英雄編著『現代物流概論』成山堂書店，2001年，p.52。

それによる物流コスト削減を最終目的とするのではなく，消費者ニーズに直結し消費者の満足を得るために，企業経営の一環として物流を位置づけ，調達から消費者までの物流全過程の最適システムの構築によって，市場競争に打ち勝とうとする企業経営戦略である[12]。

2　ロジスティクスとサプライチェーンマネジメント

サプライチェーン（Supply Chain）とは，原材料や部品の供給業者から最終的に消費者に至るまでの製造，物流，販売など，商品の供給に関係する全企業連鎖をいう。

従来は，調達・製造・流通の各業務は十分に連動していなかったため，多くの仕掛かり在庫，製品在庫，流通在庫が存在していたうえに，需給のミスマッチによる販売機会の損失や在庫ロスが発生していた。近年，消費者ニーズの多様化等により需要が急激に変動し，予測が立ちにくい製品の比率が高まっている状況下で，企業は需要の変動に合った迅速な製品供給が可能で，かつ小ロットでも利益のでる仕組みを作らなければならない。そのために"物の流れ（物流）"，"情報の流れ（情報流）"，"金の流れ（金流・商流）"の三つの流れを，資材調達を含む供給側から最終消費者まで，最大限効率かつ効果的に流すことを目指すのがサプライチェーンマネジメント（Supply Chain Management, SCM）である。すなわちSCMは，サプライチェーンの全プロセスを一連の業務として捉え，全体最適を図るものである[13]。

前述のロジスティクスもSCMと同様に，①消費者側から思考する，②調達・生産・物流・販売を一体のものと考える，③POS等の情報技術を駆使して効率化を図る，④在庫の極小化をめざす，⑤部分最適ではなく全体最適を指向する，という特徴をもっている[14]。しかし，1企業内の枠内でロジスティクスを構築するよりも，サプライチェーン全体に含まれる企業と連携・協力するほうが消費者の満足（顧客満足）が得られる効率的なシステムになる。つまり，SCMは図表4－6のように企業間ロジスティクスであり，顧客満足度を最大にすることを目標に，企業内ロジスティクスよりもより速く，より安く，より確実な製

図表4－6　ロジスティクスとSCM

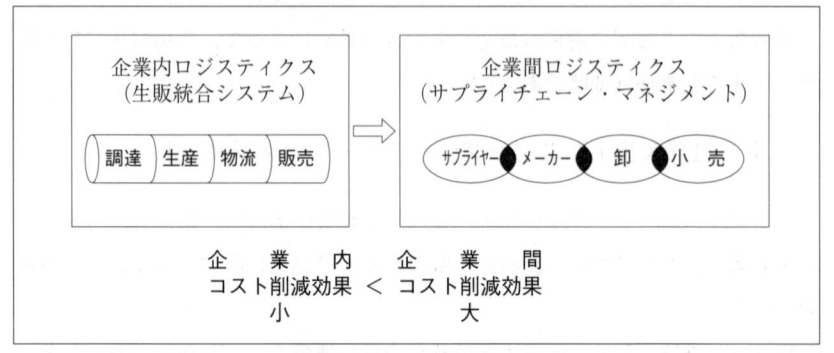

```
┌─────────────────────────────────────────────────────────────┐
│  企業内ロジスティクス          企業間ロジスティクス              │
│  （生販統合システム）       （サプライチェーン・マネジメント）    │
│                                                             │
│  ［調達│生産│物流│販売］  →   サプライヤー●メーカー●卸●小 売  │
└─────────────────────────────────────────────────────────────┘
        企　業　内　　　企　業　間
        コスト削減効果　＜　コスト削減効果
            小　　　　　　　　大
```

出所：菊池康也『最新ロジスティクス入門（3訂版）』税務経理協会，2003年，p.105。

図表4－7　メーカーを中心にしたサプライチェーン

```
（情報の流れ）  サプライヤー　メーカー　卸　小 売    ←販売情報   消
               ←販売情報にもとづく調達・生産・物流・販売計画と注文プロセスの確立   費
（物の流れ）    「物の動き」の全体がわかるシステムの構築→    商品→   者
```

出所：菊池康也，同上，p.111。

品の供給を可能にする最適システムの構築をはかるものである。

またSCMにおいて，チェーンを構成する企業があたかも一つの企業のような統合体となるためには，図表4－7のような「情報の流れ」と「物の流れ」を構築する必要があり，そのためにはこの全過程の情報のネットワーク化が必要不可欠となる。そこで小売店頭でのPOS情報に基づいて各種計画や仕入れのプロセスを確立したり，調達から最終消費者までの物の動きが追跡できるようにするために，EDIやCALS[15]等の導入が求められる。最近では安価でグローバルなネットワークとして，インターネットが活用されている。

ところで，企業はコスト削減競争やサービス競争の一層の激化によって，自

社の経営資源を本業に集中し，他部門の業務を専門の業者にアウトソーシングすることで市場でのさらなる強みをつくる必要が出てきた。このような背景から，「自ら物流システムを開発し，コンサルティング力を伴って企業に対して物流サービスを包括的に提供する業態[16]」であるサードパーティー・ロジスティクス（Third Party Logistics：3ＰＬ）がSCMと一体化して出現している。3ＰＬは，荷主企業が一定期間契約に基づき物流業務の全部または一部を特定の物流専業者に一括委託することである。わが国では大手物流業者や総合商社，情報企業，コンサルタント企業等がその役割を担当しているが，現状は荷主企業側の情報の共有化に対する不安や物流業者側における自社の専門以外の物流ノウハウの不足といった要因から，3ＰＬはあまり進んでいない[17]。

3　これからの物流の課題

わが国の物流は，これまでみたように以下の5段階を経て発展してきた[18]。

第1段階	輸送力確保の時代（昭和30年代～，1955年頃～） 急激な経済成長により，輸送活動中心で物流という包括概念はない。
第2段階	物流コスト管理の時代（昭和40年代～，1965年頃～） 米国から「物的流通」概念が導入され，物流活動（輸送・保管・包装・荷役・流通加工・物流情報）を個別的に管理する。
第3段階	戦略的物流の時代（昭和48年のオイルショック以降，1973年～） 低経済成長に入り，物流は競争の優位性を確保する手段として位置づけられ，物流活動を統合して物流システムとして管理する。
第4段階	ロジスティクスの時代（昭和60年代～，1985年頃～） 物流だけでなく原材料の調達や生産，販売も統合してロジスティクス・システムとして管理する。
第5段階	サプライチェーンマネジメントの時代（1990年代後半～） 調達・生産・物流・販売など「物の動き」の企業内統合から，供給業者，生産者，流通業者など企業間の「物の動き」の統合まで広げた企業間の情報共有に基づいて管理する。

次の段階の展望として，サプライチェーンマネジメントをより効率的・効果的にするために，デマンドチェーンマネジメントとの統合が提唱されている。デマンドチェーンマネジメントは，最終消費者からサプライヤーまでのチャネル全体の需要情報の動きを管理する戦略で，需要情報を通じて需要の創出や維持を図ろうとするものである。最近のインターネットの急速な進展によって，一つの回線上でサプライチェーンとデマンドチェーンの統合が可能になるといえる。また近年ではSCMに内包されるが，需要側と供給側が高レベルの協働で統一的な販売予測・補充数量を決定するCPFR（Collaborative Planning Forecasting and Replenishment，協働計画・予測・補充方式）が注目を集めている[19]。SCMの実効性を高めるためには，サプライチェーンを構成する企業間（物流活動を含めた）の真のパートナーシップが必要であろう。

　最後に物流の課題のひとつとして，地球環境問題への対応があげられる。前述の国内輸送におけるトラックへの依存は，大気汚染やエネルギー消費といった問題を引き起こしている。これに対して，低公害車の導入，省エネ運転の徹底，幹線輸送におけるトラック輸送を可能な限り鉄道や内航海運輸送へ転換するモーダルシフト，取引先との連携や同業他社との共同化等による輸送交通量の削減といった取り組みを進める必要がある。また物流活動から発生する廃棄物を減少するために，折りたたみコンテナや通い箱の導入，ハンガー輸送，段ボール箱やパレットの再使用等が進められている。

　21世紀の課題である循環型社会の形成において，物流はこれまでのような顧客満足達成のための企業やチェーンの効率化追求から，環境保護といった社会全体の満足を達成するための物流システムの最適化を図ることが求められている。

第4章 物的流通

[注]
1) 菊池康也『物流管理理論』税務経理協会，1997年，p.5 ll.10-12。
2) 同上，p.5 ll.16-24。
3) 國領英雄編著『現代物流概論』成山堂書店，2001年，pp.48-50および谷本谷一『物流・ロジスティクスの理論と実態』白桃書房，2000年，pp.16-18。谷本によれば開発過程におけるバーチャルな物流を「開発物流」といっている。宅配便に代表される消費者を主体とした消費者物流があるが，企業物流とは視点が異なるため本章では除外する。
4) 辻本興慰・水谷允一編著『最新商学総論』中央経済社，1995年，p.101。
5) 菊池，前掲書，pp.24-36および辻本・水谷，同上書，pp.101-102。
6) 國領，前掲書，pp.28-29。
7) 菊池，前掲書，p.66および(社)日本ロジスティクスシステム協会監修『基本ロジスティクス用語辞典』白桃書房，2002年，p.182。
8) 宮下正房・中田信哉『物流の知識』日本経済新聞社，1995年，p.33。
9) 同上，p.38。
10) 國領，前掲書，pp.34-35。
11) (社)日本ロジスティクスシステム協会，前掲書，p.201，225。
辻本・水谷，前掲書，pp.170-174等を参考にした。
12) 谷本，前掲書，pp.58-59および國領，同上書，pp.50-51，pp.59-60。
13) 荒木勉編著『サプライ・チェーン・ロジスティクスの理論と実際』丸善プラネット，1999年，p.10。
14) 國領，前掲書，p.177。
15) CALS (computer aided logistics support) はコンピュータによるロジスティクス推進支援システム。
16) 中田信哉・橋本雅隆『最新版 入門の入門 物流のしくみ』日本実業出版社，2002年，p.102 ll.9-11。
17) 國領，前掲書，pp.194-195。
18) 菊池康也「サプライチェーンマネジメントの将来」『流通情報』No.406，(財)流通経済研究所，2003年4月，pp.36-38および國領，同上書，p.61。
19) 菊池，同上，pp.41-42および『日経流通新聞』2000年10月3日付。

[参考文献]

1 阿保栄司『物流からロジスティクスへ』税務経理協会，1993年。
2 阿保栄司編著『ロジスティクスの基礎』税務経理協会，1998年。
3 唐沢豊『物流概論』有斐閣，1989年。
4 菊池康也『最新ロジスティクス(3訂版)』税務経理協会，2003年。
5 塩見英治・齊藤実編著『現代物流システム論』中央経済社，1998年。
6 中田信哉『物流論の講義(改訂版)』白桃書房，2001年。
7 中田信哉・長峰太郎『物流戦略の実際(新版)』日本経済新聞社，1999年。

第5章　流通情報システム

第1節　流通情報化の現代的意義

　流通と情報の問題を考える場合，今日の生産者と消費者の間の情報面における隔たりの拡大をまず認識する必要があるであろう。すなわちわが国は，第二次世界大戦後の廃墟から復興を果たし，高度経済成長を経て現在では成熟段階に達していると考えられるが，その過程において国民の意識は物質的な豊かさから精神的な豊かさの重視へと変化しており，消費者行動においても生きるために最低限必要なものを何とかして調達するという段階から，家計に多少の余裕ができ，より便利で快適なものを追求するという段階を経て，個人個人が日常生活の中で自分の持つ価値観を実現化していくような個性的で多様なものとなっていると考えられる。このような状況において生産者が消費者の欲求やニーズを読み取るのは容易なことではなく，また消費者にとってもこれまで以上にどのような商品がどのような生産者によって生産されているかを知る必要性が高まるであろう。このことは生産者と消費者双方にとって，より一層の情報の必要性を意味していることに他ならず，このような意味で情報の懸隔はますます拡大していると考えられるのである。さらに注意すべきは，ここでいう現在の消費者が持つ価値観とは，単に自分で満足感を得るためというよりも，

例えば，激しい競争社会の中で自分の属する集団から排除されないように，あるいはより好感を持たれるためのまわりへの気遣いや，あるいは特に今日の地球環境問題，資源問題のような非常にシビアな問題の制約を受けた中での価値観であるという点である。

今日の流通情報化の急速な進展は，以上のような経済状況の変化に対応する動きであり，大きく二つの内容を含んでいるといえる。まず第1に，消費の個性化・多様化に適合する商品やサービスを効率的・効果的に提供するための手段としての情報化である。すなわち流通情報化を流通機能の効率的・効果的な遂行を目的とし，様々な情報を迅速かつ詳細に収集，加工，伝達するために情報・通信技術の利用をすすめるという意味で捉えるもので，今日その重要性が認識されているものである。そのために流通部門は今日の情報技術の著しい進歩をこれまでも積極的に取り入れてきたのであり，この傾向が今後もますます強まるのは必至と考えられるであろう。

第2には，流通あるいは消費の対象としての商品における情報化の進展である。現在の消費者は商品を選択する際，商品の基本的な品質などが一定の水準を満たしていることなどはごく当然と考えており，むしろ上で述べたような制約下のもとで自分自身の個性や価値観に基づく商品選択を重視するようになっている。したがって，商品選択において，基本的な品質以外の情報部分が重視され拡大していると考えられるのであって，例えばブランド品や有機野菜，リサイクル可能商品などの購入は，単にその商品の基本的な品質は当然のこととして，それにプラスアルファの情報に対して余分の代金を支払っていることに他ならないのであり，このような現在の消費者の価値観実現のために，流通機関は積極的に情報を開示し，一方でそのような消費者ニーズに対応していくことが必要となっているのである。しかしこの点についての認識はまだ不十分であり，今後さらに対応が必要であると思われる。また，このような情報の開示・流通にはインターネットが非常に効果を発揮するものと思われるが，以下で検討する情報システム化・情報ネットワーク化においても，当然考慮すべき課題といえる。

第2節　流通業における情報システム化・情報ネットワーク化

1　流通業における情報システム化・情報ネットワーク化の意義

　生産と消費を結びつける流通機能は，種々の流通機関によって社会的に分担され，遂行されているが，このような流通機能を円滑に，かつ効率的に遂行するために，多くの種類の情報が，流通機関の内部で処理・蓄積され，あるいは流通機関の間でやり取りされている。

　鈴木安昭博士によれば，流通機構間で伝達，蓄積される流通活動に関する情報として，以下の四つをあげている[1]。

ⅰ．所有権移転に関する情報（取引情報）……交渉情報，受発注情報，所有権移転情報，代金支払情報がある。

　　交渉情報とは，特定の商品の買い手ないし売手を探索し，交渉の条件について交渉し，説得することに伴う情報である。受発注情報は，買い手が購入を決意し，売手にその意思を伝えるための発注情報，および売手がそれを受諾したことを示す受注情報である。所有権移転情報とは，販売・購買が契約され，実行されて，所有権が移転したことを確認する情報である。そして，代金支払情報とは，所有権移転に伴う出金，入金に関する情報，金融機関への支払指示や金融機関からの入金情報，売掛金・買掛金に関する情報である。

ⅱ．物流に関する情報……これには入庫・出庫，現在高（店頭・倉庫）等の在庫情報や発送・着荷，輸送業者との間の輸送指示・着荷等の輸送情報がある。

ⅲ．販売促進情報（広告情報）……商品についての情報をほとんどもたない対象に向けての販売促進情報と，購入の可能性のかなりある対象に対する，説得・交渉を主とした取引情報が存在する。

ⅳ．市場情報……流通する商品の最終市場に関する情報である。これには取

引情報のうちの買い手から売手への情報と重複する部分と，市場調査機関により，調査され，生産者に伝達する情報がある。また，市場情報は，需要情報と競争情報に分けられる。需要情報は，最終需要者の需要に関する情報であり，需要の地域，品目，質，量，時期，ロット等についての時系列的な情報である。競争情報は，個別のブランドの競争を中心に，流通各段階における競争に関する情報等が含まれる。

さて，第1節で述べたように，今日においては消費の個性化・多様化に適合する商品やサービスを効率的・効果的に提供することが求められているが，そのためには，これらの流通活動に伴って発生する情報をいかに有効活用するかが重要な課題となるのはいうまでもない。特に今日の消費者のニーズは，非常にシビアであり，例えば食料品などの場合，全く同じ味，同じ品質の商品でありながら，内容量やサイズの僅かな違いによって，売れ行きが全く異なるといった現象が頻繁に見られるようになっている。したがって，このような消費者環境においては，商品アイテムの一つ一つを細かく管理しなければ，商品の売れ残りを発生させたり，逆に商品の販売の機会を逃したりすることは避けられないのであり，精緻かつ正確なデータに基づくことなしに消費者ニーズに効率的かつ効果的に対応することなどは全く不可能な状況になっているといえる。ここに流通における情報システム化を進める必要性が存在するといえる。

さらに今日，消費者の欲求・ニーズは著しいスピードで変化を遂げており，今日売れ行きの良かった商品が，明日もよく売れるという保証はない状況である。したがって，流通機構の各段階において，商品在庫をできるだけ減らすことが大変重要な課題となっている。不必要な在庫を極力減らし，消費者ニーズの変化に迅速に対応できる体制づくりが流通チャネル全体を通じて求められるのである。そのためには，個々の流通機関が単独で情報システム化を図るだけでなく，情報化をチャネルを構成する流通機関の間でも進めていかなければならない。これは流通システムが，本来ネットワークとしての性格を持つことから，当然の要請ともいえるが，したがって以下で検討するように流通における情報システム化の発展は，同時に情報ネットワーク化の進展も伴いながら発展

してきたということができるのである。したがって，情報システム化と情報ネットワーク化を厳密に分けることは困難であるが，ここではPOSシステムに代表される情報システム化，EOS・EDIに代表される情報ネットワーク化に一応分けて順に検討を加えることとする。

2　情報システム化の発展

(1)　POSシステムの意義とその普及状況

　POSシステムのPOSとは，Point of Salesつまり販売時点を指す。つまり，顧客に対して商品・サービスを販売する時点で発生した情報を収集し，それを種々の経営上の目的で活用する仕組みといえる。経済産業省の定義では，「光学式自動読み取り方式のレジスターにより単品別に収集した販売情報や，仕入・配送などの段階で発生する各種情報をコンピュータに送り，各部門が有効に利用出来るよう情報を加工，伝達するシステムで，いわば，小売業の総合情報システムを意味する」としている。この定義で見られるように，POSシステムの特徴は，単品管理が可能となる点にある。POSシステムが登場する前までは，レジスタが単品別に売り上げを記録するようなことはできず，したがって単品別に商品の売り上げを把握したり，利益計算をすることは難しく，部門別に大雑把な利益計算しかできない状況であった。しかし，POSシステムが登場したことによって，単品別の管理が可能となったのである。

　先にも述べたように，今日の消費の多様化・個性化の中においては，このような単品単位で商品管理や売上管理を行うことは大変重要であり，このような消費の潮流と，情報技術革新が結びつき，必然的に生まれてきたのがPOSシステムであるといえるであろう。

　ところで，わが国の流通業におけるPOSシステム導入は，1968年に東急ストア青葉台店，高島屋の中元・歳暮ギフト売場におけるPOS活用とされるが，当初は商品の包装などに予めバーコードを付すソースマーキング率が低かったために，POSの普及はなかなか進まなかった[2]。しかし，1978年のJANコードの制定や，特に1982年9月にセブン-イレブンが全店導入に踏み切ったことなど

図表5－1　JAN型POSシステム導入店舗数・台数推移（累計）

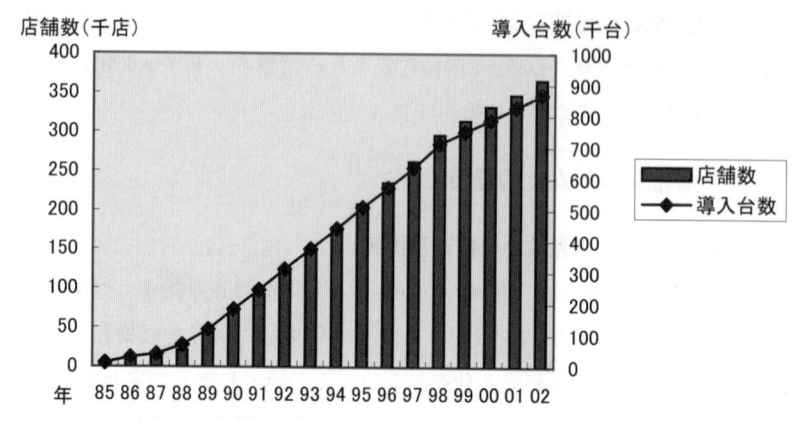

出所：（財）流通システム開発センター・ホームページ資料より筆者作成。
（http://www.dsri-dcc.jp/company/02/pos-system.htm）

がきっかけになり，ソースマーキング率が急速に高まり，POSシステムは急速に普及していくこととなった。

現在のPOSシステムの普及状況について，流通システム開発センターの資料によって見てみると，それは図表5－1のとおりであり，2002年において，JAN型POSシステム[3]を導入している店舗数は，36万6千店となっており，またPOSターミナルの台数は，86万9千台となっている。また，同センターの平成13年度流通情報システム化実態調査によると，POSシステムを導入している店舗は従業員が5人以上の小売業では全体の約64％に達しており，業態別の導入状況を見ると，最もPOSが普及しているのがコンビニエンス・ストア（98.6％）であり，続いて総合スーパー（95.8％），食品スーパー（94.5％），ドラッグ・ストア（87.1％）などが高い導入率となっている[4]。

(2)　**POSシステムの仕組み**

POSシステムは，基本的にはPOSスキャナー，POSターミナル（POSレジ），ストアコントローラーから構成されている。

データの流れを見ると，まずPOSスキャナーによって商品に付けられたバーコードなどを読み取ると，その商品コードがPOSレジを通して，ストアコント

ローラーに送られる。ストアコントローラーにはあらかじめ商品コードと商品名および商品の価格が登録されており，読み込まれた商品コードの商品名，価格がPOSターミナルに送られ（これをプライス・ルックアップ（PLU）という），レシートに印刷されてくることとなる。

① POSスキャナー

POSスキャナーには，ハンドスキャナーや定置型のスキャナーがある。また，光学式の自動読み取り方式には主としてOCR方式とバーコード方式が存在している。OCR方式は，光学式文字読み取り装置（Optical Character Reader）によって，特殊な印刷文字を読み取り，商品コードやメーカーコードを入力するものであり，衣料品などを中心に利用されてきたが，現在ではバーコード方式の利用が非常に多くなっている。一方のバーコード方式は，スキャナーがバーコードを読み取り，商品コードやメーカーコードを入力する方式であるが，このバーコードには全国統一基準であるJAN（Japan Article Number）コードが使われている。JANコードとは，「取引をする上でそれ以上細分化できないアイテム・絶対単品レベルに設定された商品コードであり，われわれが購入する商品に付されている黒白の縞模様（バーコード）が表している13桁（短縮タイプは8桁）の数字のこと」である[5]。このJANコードは，国際的な商品コードであるEAN（European Article Number）コードを日本が取り入れ1978年にJIS規格化したものであるが，EANコードは現在，世界各国の標準となっているため，JANコードは，殆どの国の商品コードと互換性があるといえる。したがって，輸入品などに付されているバーコードでも，日本のPOSシステムでそのまま利用できるメリットがある。さらに，国内においても，各流通企業が共通の商品コードを使用することによって，後で見るような企業間の受発注システムなどを効率的に構築することができることになり，流通におけるネットワーク化に対しても大きな貢献を果たすこととなったといえる。

② POSターミナル（POSレジ）

次にPOSターミナルであるが，これはPOSレジともいい，キャッシュレジスターとしてのレシート発行機能や金庫機能，スキャナーによって読み込まれた

データをストアコントローラーとの間で送受信する通信機能などを持つものである。

③ **ストアコントローラー（ストアコンピュータ）**

さらにストアコントローラーとは以下のような機能を果たすコンピュータシステムである6)。

i．商品マスター登録機能（商品コード，商品名，価格など，これによりPLUが可能となる）

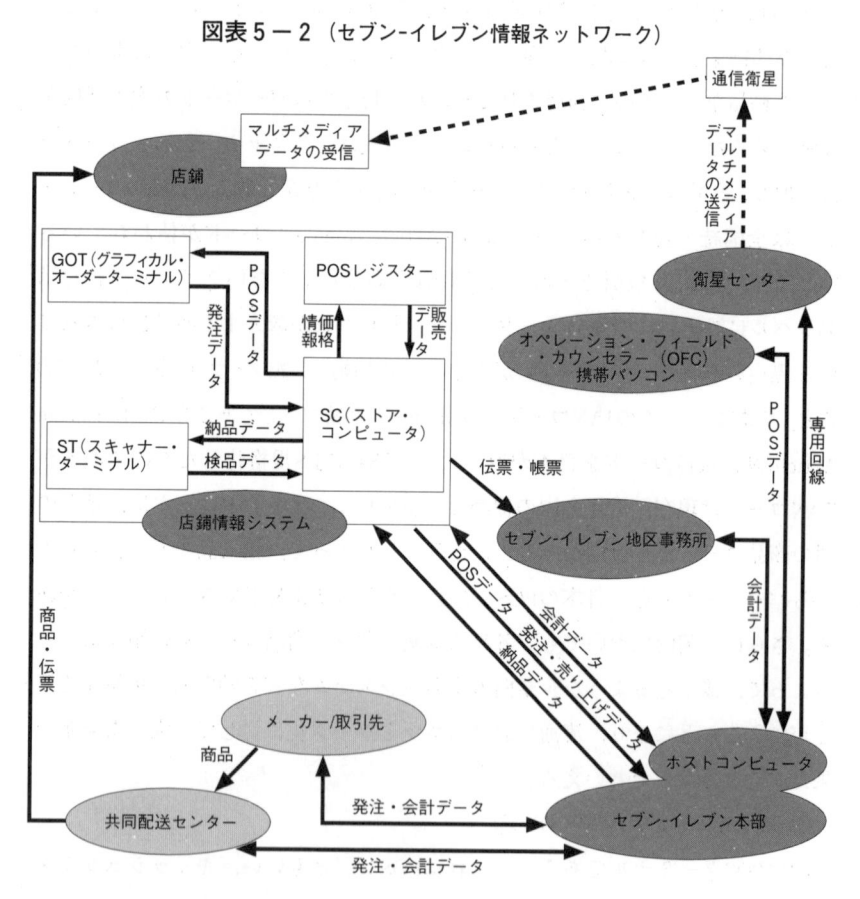

図表5-2 （セブン-イレブン情報ネットワーク）

出所：(株)セブン-イレブン・ジャパン資料より。

ⅱ．単品別データ蓄積機能
ⅲ．各種情報の保存，分析機能
ⅳ．発注端末，納品端末のコントロール機能
ⅴ．カード・オーソリゼーション機能（必要なら単独でのネガティブ・チェック機能）
ⅵ．上位コンピュータへの情報伝達機能（必要なら即時オンライン）

なお，ⅵの上位コンピュータへの情報伝達機能は，チェーン・ストアなどで必要となってくる機能であり，チェーン各店のストアコントローラーから本部のホストコンピュータにオンラインで，かつリアルタイムに売上データなどを送る機能である。したがってチェーンの本部にはリアルタイムで各店舗の情報が収集されることとなり，本部は各店から収集した情報を総合して，各種の分析を行い，政策立案を行うことが可能となるのである。例えば，セブン-イレブンにおいては，図表5-2のように各店舗で発生したPOSデータがセブン-イレブン本部に迅速にオンラインで送られるシステムとなっており，本部ではこうして全店舗から送られたデータを総合的に分析して，推奨商品などの決定を行っている。

(3) POSシステム導入の効果

POSシステムを導入した場合の効果は，POSターミナルの操作自体から生まれる様々な直接的効果ももちろん重要であるが，そこで収集されたデータがマーチャンダイジングやその他の経営活動の効率化に大きな効果をもたらす点がより重要であり，このPOSデータをいかに上手く活用するかが重要なポイントといえる。POSシステムのメリットは，レジカウンター業務におけるメリット，マーチャンダイジング上のメリット，プロモーション上のメリット，経営上のメリットの四つに分けられる[7]。

ⅰ．レジカウンター業務におけるメリット

これにはレジ作業の迅速化によって顧客のレジにおける待ち時間が短縮し，心理的ストレスを減少させるメリット，金額の入力ミスを減少させるメリット，クレジット処理時間を短縮するメリット，などがある。

ⅱ．マーチャンダイジング上のメリット

　　単品管理が可能になるため，商品アイテムごとに正確な利益計算が可能となるメリット，売れ筋商品・死に筋商品の見極めができ，また顧客の買い物行動の分析によって品揃えを適正化できるメリット，得られたデータをEOSに結びつけることにより売れた商品の在庫を正確にかつ迅速に補充して品切れを防止し，また不要な在庫を減らすことが可能になるメリット，さらに商品への値札付けを不要とできるメリットなどがある。

ⅲ．プロモーション上のメリット

　　カードシステムを導入することで，顧客の組織化を図り，効果的なマーケティング活動が可能となるメリット，クレジットカードによる販売を可能にし，売上を増進させるメリットがある。さらにPOSデータを上手く利用することで例えば販売促進計画を立案することが可能となるメリットもある。例えば，新聞チラシの効果測定などが正確に行えるようになることが挙げられる。

ⅳ．経営上のメリット

　　レジ処理が簡単になるためレジ作業員に対する教育費用や時間を節約できるメリット，レジ作業員の金銭のごまかしなどを防止できるメリット，その他売上集計などの作業労力が節約できるなど多くのメリットが考えられる。

　以上のようにPOSシステムでは多くのメリットが得られるのであるが，しかしPOSから得られるデータ利用に関しては，限界もあることを知っておく必要があるであろう。それはPOSデータは，基本的には過去に発生したデータであるに過ぎないという点である。POSデータは，確かにどの商品が，いつ，どこで，どのような顧客に売れたのかという貴重な情報であり，それらのデータをもとに，売れ筋商品，死に筋商品を判別し，死に筋と判断された商品を迅速に品揃えから外し，それによって生まれたスペースをより売れる見込みの高い別の商品に置き換えることによって，より適正な品揃えを実現する可能性を提供する。しかし，「本気で死に筋を除外していけば棚が空いてしまう」という現

在の厳しい消費環境のもとでは,「いかにお客様のニーズのある商品を棚に入れていけるかがポイント」となってくるが[8],「消費者の嗜好などといった環境が変化したとき,新製品を開発・発売するとき,価格や販売方法を変更するときなど,過去の類似した状況や商品についてのPOSデータからある程度の類推は出来るかもしれないが,完全な予測はできない」[9] のである。したがって,どのような商品をもって,死に筋商品排除後の空いた陳列スペースを埋めるかの最後の判断は,結局,人間がやらざるを得ないことになるのである。POSシステムを利用する際には,以上のような限界があることに常に留意する必要がある。

3　情報ネットワーク化の発展

(1) EOSの意義と普及の現状
① EOSの意義

前節で検討したPOSシステムは,小売店頭で発生する販売データの収集・分析を行う情報システム化であり,それは基本的に一地点におけるシステム化ということができる。しかし,POSで収集したデータをより有効に利用するためには,本部と店舗間や,小売業と卸売業の間における情報ネットワークの構築が必要となってくる。例えば,POSシステムによって,ある商品の品切れの発生が確認されたとしても,それを迅速に納入先に伝達し,その商品の補充がなされなければ,結局,売上機会を逃してしまうことになり,したがって,企業内の複数部門間や企業間でネットワークを構築しようという要請が出てくるのは当然の流れであり,その結果登場したのがEOSである。

EOS (Electronic Ordering System) とは,通常オンライン受発注システムなどと訳されるが,通信回線を通じて,企業内部あるいは企業間における商品発注を行うシステムである。例えば,チェーン小売業において,各店舗からチェーン本部に対してオンラインで商品発注をしたり,チェーン本部が卸売業に対してオンライン発注する仕組みである。EOSは当初は,スーパーやコンビニエンス・ストアにおいて各店舗と本部の間の定番商品の補充発注システムとして

1970年頃から導入された。しかし，1980年頃になると，消費者ニーズの個性化・多様化は一層進展し，「企業間の取引に多品種少量多頻度配送を常態化させ，商品によっては配送時間の指定，一日複数配送，欠品率ゼロ，リードタイムの短縮などを要請し，それだけ伝達すべき情報の正確な処理，発注・起票作業の迅速化が求められる」10) ようになってきたため，小売業の内部に留まらず，取引先ともオンラインで結ぶようになってきたのである。なお，このような動きの背景には，1982年の公衆電気通信法の改正や1985年の電気通信事業法によって，データ通信システムが企業内部だけでなく，企業間で構築できるように規制が緩和されたことも大きな要因であった。

　EOSの具体的なプロセスは，発注する商品のJANコードをオーダーブックなどからハンディーターミナルを使って読み取り，さらにそれぞれの注文数量などを入力した上で，それを流通VANやチェーン本部に送信すると，それが注文先ごとに分類・集計され，発注が行われるということになる。またデータの入力方法には，GOT（グラフィック・オーダー・ターミナル）というハンディサイズのノート型パソコンを使って，商品の売れ行き状況などを見ながら，注文をする方法もある。この場合には，端末に商品コードが記憶されており，JANコードをスキャンする必要はない。例えば，セブン-イレブンでは，Ａ４サイズのパソコンで，天気予報，販売動向，季節・催事に応じた重点商品の情報を加盟店が見ながら発注できるようになっている11)。

　② **EOS導入のメリット**

　このようなEOSを導入することのメリットとしては，まず卸店側のメリットとして，定番品の補充の受注情報を処理する手間，時間，人件費などが大幅にカットでき，また処理ミスもなくなることや，受注から配送開始までの時間差が短縮でき，前日受注したものについて早朝から出庫，配送ができるので，在庫の数量を減らすことができることが挙げられる。一方，小売店側のメリットとしては，正確に早く発注ができ，電話やセールスマンを介しての注文の場合のように相手の都合を気にせず，ドライに注文できることや，EOSが運用されると，売れ筋情報，注文履歴などの情報が小売店に適宜送られるようになるの

で，在庫低減，品切れ防止などが可能になるといったことが挙げられる[12]。

③ EOSの普及状況

現在のEOSシステムの普及率について，流通システム開発センターの平成13年度流通情報システム化実態調査によると，それは図表5-3のとおりであり，全体平均では，オンライン発注（＝EOS）は65.3％となっており，商品群別では特に文具・事務用品，食品・飲料・菓子，自動車用品では8割を超える高い導入率となっている。一方で，衣料品・身の回り品，書籍・雑誌などでは5割未満とEOSの普及はまだ不十分な段階にある。また，業態別に見ると，コンビニエンス・ストアがほぼ100％近くオンライン発注を実施しており，総合スーパーや食品スーパーなどでもオンライン発注を実施する店舗の比率が高い。一

図表5-3 主な取扱い商品群における「発注形態」

(単位：％)

	オンライン発注	インターネットで発注	電子媒体(FD,MT等)	FAX発注	電話	営業マンが受注	その他	合計
全体	65.3	0.5	0.4	14.9	3.3	4.3	11.3	100.0
衣料品・身の回り品	44.2	1.2	0.6	21.8	1.2	5.5	25.4	100.0
食品・飲料・菓子	81.9	―	0.3	9.2	3.8	3.1	1.8	100.0
日用雑貨・金物・荒物	79.6	―	0.3	10.8	2.2	4.8	2.5	100.0
家具・インテリア	64.1	―	―	23.1	3.8	2.6	6.5	
家電・カメラ	66.7	―	―	17.6	7.8	7.8	―	100.0
貴金属・メガネ・時計	39.4	―	―	21.2	9.1	18.2	12.1	100.0
文具・事務用品	85.5	―	―	5.6	1.6	4.8	2.4	100.0
自動車用品	81.1	―	―	13.5	―	2.7	2.7	100.0
医薬品・化粧品	77.2	―	―	10.1	3.8	5.1	3.8	100.0
書籍・雑誌	43.8	1.6	―	6.3	3.1	15.6	29.7	100.0
酒	78.3	0.4	―	13.9	3.5	2.6	1.3	100.0
生鮮	38.4	1.1	1.1	28.0	4.9	0.4	26.2	100.0

出所：(財)流通システム開発センター・ホームページ資料より一部抜粋。
(http://www.dsri-dcc.jp/chousaindows/2001/2001-8.html)

方で生鮮品を扱う小売店ではオンライン発注の利用は非常に少ないという結果となっている。

(2) EDIの意義とその展開

① EDIの意義

　EOSの導入によって小売店舗と卸売業の間で受発注をオンラインで行うようになったものの，チェーン・ストアなどでは個別的なコンピュータシステムを運用しており，そのためチェーン・ストアに商品を納入しようとする卸売業者は，各チェーン・ストアのシステムに対応するコンピュータシステムを個別に用意しなければならず，そのために巨額の費用と手間をかける必要があった。そこで，標準となるプロトコルを作り，それによって複数の企業間，あるいは業種の異なる企業間で直接にデータをやりとりするシステムが必要となってきたのである。これがEDI（Electronic Data Interchange）である。EOSの普及当初は，流通VAN業者[13]）が各企業から送られたデータをEDIデータに変換する作業を行っていたが，一方，流通データの伝送を各種の変換・交換機能に委ねるのではなく流通EDIとして標準化する動きがあり，特に日本チェーンストア協会はこれに積極的に取り組み，広く流通業界における電子データ交換の実現に寄与した[14]）。

　ところで流通EDIのための標準ビジネス・プロトコルの体系としては，統一伝票，標準データ交換フォーマット，標準伝送制御手順，統一コード（商品コードおよび企業・事業所コード），統一コードシンボルなどがある。これらが統一されて初めて，複数の企業間で，データの交換ができるのである。

　そこで，次にこれらのビジネス・プロトコルのそれぞれの整備状況について見てみると，まず統一伝票の制定については，各業界ごとに統一が図られてきており，例えば1974年に百貨店の統一伝票が完成し，また1975年にチェーン・ストアの統一伝票，1977年には問屋統一伝票が完成しているが，これらの伝票記載項目をもとにデータ交換フォーマットの標準化も進められた。また，標準伝送制御手順については，日本チェーン・ストア協会が1980年に「取引先オンライン受発注データ交換・標準伝送制御手順」（JCA手順）を制定し，チェーン・

ストアと取引卸売業者とのオンラインデータ交換を始めた。それを当時の通商産業省がJ手順として認定したことで，広く他の業種・業界の流通業務にも適用されることとなり，EDIが広く普及することとなったのである。なお，日本チェーン・ストア協会はさらに1991年には新しくサービスが開始されたISDN（統合デジタル通信網）に対応する通信プロトコルとしてJCA-H手順も制定している。そして商品コードについては，先にも述べたようにJANコードがバーコード・シンボルと共に1978年にJIS化されているが，その一年前の1977年には共通取引先コードも制定されている。

このように，日本の流通業のEDIは，「伝票の標準化」→「コードの標準化」→「通信プロトコルの標準化と標準データフォーマットの開発」という流れを経て，広く普及することとなったのである[15]。

② **EDI普及の影響**

EDIの成立により，これまでのEOS（受発注EDI）に加え，物流EDI，決済EDIなど多くの企業がオンラインで接続され，効率的に取引が行えるようになった。つまり小売業者と卸売業者・メーカーの間における商品の受発注，物流，請求・支払といった業務が広範なネットワークを通じてシステムとして統合されることとなったのである。そして，特にバブル崩壊後の1990年代前半から顕著となった消費者の低価格志向に対応すべく流通業務を効率化し，コスト削減を図るという社会的な要請に対応するシステムとして考え出されたのがQRやECRである。

ここで前者のQRとは，「Quick Response」の略であり，「小売業者がPOSで得られた商品データーベースを納入業者（メーカー，卸売業者）に公開し，納入業者はこれにより今後の売行きを予測し，また在庫状況から補充点を判断し生産量，補充量を決めて小売店に配送し，小売店はそれによって仕入れを起こすというシステム」などと定義されており[16]，アメリカのアパレル業界で生まれたシステムである。また後者のECRとは「Efficient Consumer Response」であり，アメリカの食品業界がアパレル業界のQRの成功を取り入れたものとされており，したがってその概念はQRとほぼ同様といえる。いずれにしても，この両

システムの狙いは、消費者が望む商品を、消費者の必要な時に、消費者の希望する価格で提供するというマーチャンダイジングの本来の目的を情報ネットワークの力によって実現しようとするものであり、メーカーや卸売業者と小売業者が提携して、チャネル全体の効率を高めることに主眼を置く点に革新的な意義があるといえる。そして、このようなシステムはまさにEDIを基盤にして可能となったものである。

以上のようなQR、ECRは、そのネットワークに参加する企業のすべてにメリットが与えられなければ成立しないものであり、特に小売業側にとっては重要なPOS情報を他企業に公開することになることから、実際にはこのシステムの普及には困難な面も多いと考えられるが、しかし、先にも述べたように消費者の低価格志向が強く、また消費者ニーズの変化のスピードが著しく速い今日においては、QR、ECRのような消費者へ迅速に対応するシステムを、チャネル全体として構築していくことは今後ますます重要な課題となってくるものと認識すべきであろう。

第3節　小売業における顧客情報システムの活用

小売業におけるPOSシステムのより有効活用を図るためには、カードシステムを導入して、顧客情報の収集・活用に生かすということも考慮する必要がある。以下では特にポイントカードによる顧客情報システムについて検討することとしたい。

1　顧客情報システムの意義

POSシステムに、カード読取機能をつけることにより、どのような顧客がどのような商品を購入したのか、1カ月の間に何回購入したのか、1回の買い物では大体いくらの買い物をしたのか、といった情報を集めることが可能となる。そこで、小売業は、このような方法で集めた情報を様々に加工・処理して、販売活動に生かすことを考える必要がある。特に今日、消費者の欲求・ニーズは

ますます多様化・個性化の傾向にあり，従来の大量生産・大量消費時代に確立したマスマーケティングの方式では，次第に時代に対応しきれなくなりつつある。そこで近年では，ワントウワン・マーケティングなどといった消費者をマスあるいはセグメントとして捉えるのではなく，消費者一人一人のニーズを個別に捉えるマーケティングが提唱されてきた。つまり，20対80の法則ともいわれるように，小売業においては，少数の優良な固定客が利益の大きな源泉になっている場合が多いのであり，したがっていかにしてこの固定客と強い結びつきを構築・維持するかが戦略上重要になっているのである。そのためには，まず顧客を個客として個別に把握し，その中で優良な固定客をその他の顧客と区別して品揃え政策に生かすことが必要となる。第2節でも述べたように，POSシステムでは，過去・現在の売れ筋・死に筋は把握できるが，それは売上全体の中での売れ筋・死に筋であり，例えば，売上全体の中に占める比率は僅かであっても，特定の顧客が頻繁に購入している商品が存在している可能性も十分あるが，このような商品を把握することはできないのである。したがって商品管理の視点だけでなく，顧客の視点からの品揃えにする必要が生じているのである。特に第1節で述べたように，今日の様々な制約を受けた消費者の購買行動を適切に捉えるためにも顧客を個客として分析する仕組みは有効と思われる。さらに販促活動などにおいても，その効果を高いものにするために，どの顧客にも一律に実施するのではなく，顧客の種類別に差別化を図るという必要が出てくるが，このような仕組みを構築する上でポイントカードによる顧客情報システムの活用は欠かせないといえる。

2　ポイントカードシステムの意義と利用方法

(1) ポイントカードシステムの意義とメリット

ポイントカードシステムとはあらかじめ来店客にカードを発行しておき，お買い上げ100円ごとに1点というようにポイントを提供，この累積高に応じていろいろなサービスを提供するカードシステムのことである[17]。小売店側は，顧客が購入時にカードが提示されたときに，そのカードを端末機に読み取らせ，

ポイントを発行するが，こうして収集されたデータを基に，会員の購買傾向を分析し，催事や商品・サービスの案内などのDMや販促活動に利用するのである[18]。このようなシステムを利用することにより，次のようなメリットが得られる[19]。

　i．一定買上げごとのポイントサービスで，顧客の固定化が図れる。

　ii．ポイントサービスをさらに発展させ，たくさん買ってくれる顧客，利益のある商品を買ってくれる顧客，高頻度で買ってくれる顧客などに対して，特別サービスする顧客識別価格差別化（FSP）が行える。

　iii．DMを行う場合でも，顧客データベースに載っている顧客に出せるし，過去の買物歴によって，特定品についてのDMが出せるなど，DMを効果的に行える。

　iv．顧客データベースを分析することにより商圏範囲，マーケットシェアなどの商圏動向の把握ができるので，販促，顧客対策などに効果的な手が打てる。

このように，ポイントカードシステムは，顧客にポイントを付与することで，カード発行を促進し，カード保持者を固定客化する狙いをもっているが，一方では，そうして収集した顧客情報を生かして，自店の品揃えの適否をチェックする機能の重要性を忘れてはならない。小売業の基本はあくまでも品揃えにあり，ポイントカードシステムにおいても，顧客データベースの分析と商品管理システムとうまく連動させ，適正な品揃えが行われて初めて各種の特別サービス活動が生きてくるし，優良な固定客も創造できるのである。

(2) **顧客分析の方法**

ポイントカードを販売活動に生かすためには，まず顧客を優良顧客とそれ以外の顧客に分ける作業が必要となる。この顧客判別方法として効果的な方法として，RFM分析がよく知られている。RFM分析とは，R（Recently＝最近の購入はいつか），F（Frequency＝購入の頻度はどれくらいか），M（Monetary＝購入金額はいくらか）という三つの要因を分析して，顧客をランク付けしようとする方法である。この方法は，購入金額だけでなく，購入頻度も見るので，たまたま何

かの機会に多額の商品をまとめ買いしただけの顧客は，優良顧客に含めないことができ，また最近の購入日も考慮するので，最近になって購入店舗を他店に切り替えた顧客なども発見できるメリットがある。

(3) **ポイントカードの戦略的利用法**

ポイントカードシステムによって顧客にポイントを付与すればある程度の顧客を固定客化することが可能かもしれないが，すべてのカード会員に対し購入金額に対し一律に同率でポイントを提供するだけのシステムでは，優良顧客もそれ以外の顧客も同等に扱うことになるので，優良顧客に特別なサービスを提供することにはならず，優良顧客との関係を強化するという目的からは，まだ十分とはいえない。優良顧客との関係強化のために最近多くの企業で実施されているのが，FSP（frequent shopper's program）である。FSPとは「顧客の購入金額や来店頻度等に応じて付加サービスを変えて，顧客を維持し販売効率を上げるマーケティング手法」とされており[20]，顧客分析によって優良顧客を識別した後，その優良顧客に対し特別なサービスを実施するものである。すなわち，具体的には購入金額が一定額に達すると，ボーナスポイントを付与する方法のほか，やはり購入金額が一定額に達した顧客には特別優遇カードを発行して，そのカード保有者は特別割引価格で購入できるようにする方法など優良顧客との関係を強化するために，様々なサービスが提供されている。

いずれにしても，このようなサービスの提供を行うにあたって，考慮すべき点は，顧客との良好な関係性をいかに構築するかということであろう。例えばポイント還元といったサービスは，顧客の側から見れば，結局のところ「それを利用しなければ損をしてしまう」から，その店を利用するのであり，さらにポイント還元の条件の良い店が現れれば，すぐに顧客はそちらに乗り換えてしまうであろう。つまり，価格競争の変形でしかなく，これだけでは顧客と良好な関係を築くことは基本的に困難というべきである。小売業として大切なのは，本当に優良な顧客として店側から大事にされているということを実感してもらうことである。その際，現在の消費者は様々な制約を受けた中での価値観に基づいて購買行動を行っていることを特に考慮しなければならない。したがって

ポイントカードシステムによって得られた顧客情報,特に固定客・優良顧客の購買履歴情報の分析などを通して,その顧客の持つ価値観をより深いレベルで把握するように努め,それらの理解の上に立って,店作りや品揃え,サービス提供などを展開していくことこそ,ポイントカードシステムによる顧客情報システムの真の戦略的利用法ということができよう。

第4節　卸売業における情報システム活用

1　卸売業の現況と課題

今日,卸売業は厳しい経営環境の中に置かれている。特に近年において,大規模小売業が成長し,売上がこれらの上位企業に集中しつつあるという要因に加え,これまで検討してきたPOS, EOS, EDIといった情報システムの普及という要因によって,メーカーと大規模小売業者が直接取引を行う傾向にあり,したがって,現在の大規模な卸売業者は,メーカーや小売業の要求に対して以前にも増して積極的かつ適切に対応していかない限り,中抜きされてしまう危機にさらされている。そして,大規模小売業の成長によって,中小小売業の経営が非常に厳しくなるにつれ,これらを主な取引先としている中小卸売業者もまた極めて困難な経営環境に直面しているといえるのである。このような卸売業者が直面する危機に対応していくために,情報システムの観点からはどのような対応が必要とされるのであろうか。ここでは,特に中小卸売業者を念頭に置いて,この問題を検討したい。

2001年版中小企業白書によれば,図表5－4に見られるように,小売業は卸売業に対し,商品情報提供をはじめとするリテイルサポート機能の実施を強く希望しているという結果になっており,このような結果を見ても,従来のようにただ小売業に多くの商品を売り込むだけの卸売業では全く不十分になってきているといえる。すなわち,これからの卸売業は「自社が納品した商品が,消費者にどのように買われ,使われて,満足を得たか,不満足だったかを知り,

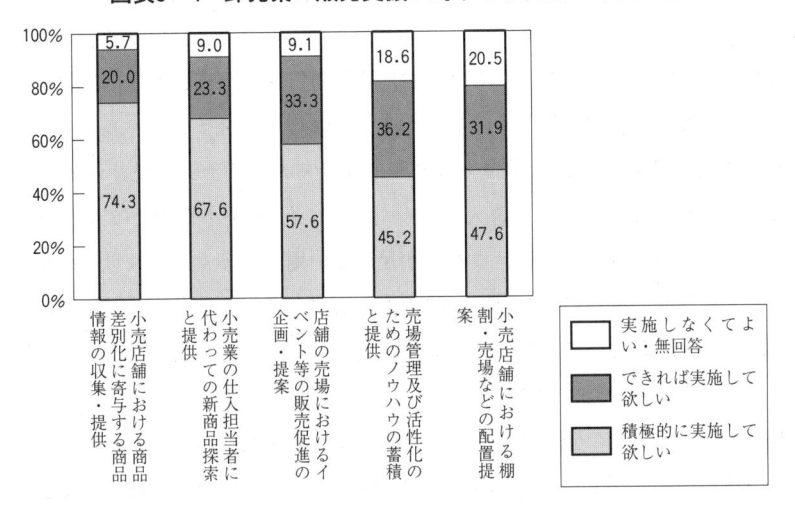

図表5−4 卸売業の販売支援に対する小売業の今後の意向

項目	積極的に実施して欲しい	できれば実施して欲しい	実施しなくてよい・無回答
差別化に寄与する商品情報の収集・提供	74.3	20.0	5.7
小売店舗における商品仕入担当者に代わっての新商品探索と提供	67.6	23.3	9.0
小売店舗の売場におけるイベント等の販売促進の企画・提案	57.6	33.3	9.1
店舗の売場管理及び活性化のためのノウハウの蓄積と提供	45.2	36.2	18.6
小売店舗における棚割・売場などの配置提案	47.6	31.9	20.5

（注）小売業に対して行った質問項目のうち、「積極的に実施して欲しい」「できれば実施して欲しい」と回答した割合が多かった上位5項目を記載。

出所：中小企業庁『2001年版中小企業白書』。

小売業者に改善のアドバイスを提供することで，自社と小売店の関係を緊密にし，長期的に商売の実績をあげていく」ことが求められているのである[21]。そのために卸売業者も効率的・効果的な情報システムを構築・活用することが大切な条件になっているといえるであろう。

2　リテイルサポートと情報システムの活用

　リテイルサポートとは，小売店の支援活動であり，非常に幅広い活動が含まれるが，情報システム化・ネットワーク化との関連でいえば，小売業に対するPOS・EOS導入・運用支援や，さらに導入後は，POS・EOS情報の高い分析力に基づく商品情報の小売業への提案や，さらに最適な売り場づくりの提案といった面で適切なリテイルサポートを実施することが極めて大切である。

　先にも見たように，POSシステムは従業員5人以上の小売業では既に約64％が導入しているが，従業員4人未満の零細小売業での普及はまだ遅れていると

見られることから,小売業へのPOS導入・運用支援という卸売業の役割は今後も重要であることに変わりはなく,さらにEOSについても同様である。なお,POS導入・運用支援の内容としては,POS導入の目的の明確化,社内外体制の確立,POS機器・システム作りの提案,導入準備作業のスケジュール化・作業内容の説明,従業員教育,商品マスターの登録・メンテナンスなどがある[22]。

また,小売業のPOSやEOSの導入を行ったとしても,零細小売業では,POSデータを十分に活用できるだけのノウハウが足りない場合が多く,それ以外の小売業でも,卸売業のPOSデータ分析に期待する情報も多いのである。前田進氏によれば,商品情報として小売業が卸売業に期待するものとして,卸売業の全取扱店の売行き情報,個々の小売店(得意先)の取扱商品の売行き状況,卸売業の取扱商品の部門別の売行き状況,小売店の規模別,業態別の売行き状況,これらの情報の卸売業としての前年比,小売業(得意先)としての前年比などの数値化された情報の五つを挙げているが[23],ここから分かるように,卸売業には,多くの小売業と取引を行うことで,一つの小売業では得ることのできない,よりマクロな情報を提供できるメリットがあり,このような情報提供は卸売業の重要なリテイルサポートに成り得ると考えられる。

さらに,売り場づくりの提案力も重要な卸売業のリテイルサポート機能といえる。売り場づくりの提案としては,店舗レイアウトなどの提案の他,棚割管理システムも重要である。

棚割管理システムは,近年多くの卸売業が積極的に導入を進めているシステムであり,小売業のPOSデータなどをもとに,コンピューター画面で売り場での商品の配置場所を決めるシステムである。具体的な棚割管理システムの手順は以下の通りである[24]。

ⅰ.現状の店舗レイアウト図および棚割表を準備する。
ⅱ.POSデータの部門別実績データを利用して実際に即したスペース配分を行う。
ⅲ.さらに,単品別のPOSデータを利用して関連商品群を考慮して配置を検討する。

ⅳ．各部門または売り場ごとにPOS単品データを利用し，品揃えの検討をする。

　ⅴ．品揃えの検討後に各アイテムのスペース（フェース数）を検討する。POSデータの売り上げ構成比をもとに算出し，配置を検討して棚割を決める。

　以上のように小売業のPOSシステム・EOSあるいはQR，ECRなどが普及することにより，卸売業の役割は大きく変化することが分かる。これまで卸売業の営業マンの業務の中心であった定番商品の受注の多くは，オンラインで行われるようになり，もちろんそのような受注に迅速に対応できる物流体制および物流情報システムの整備も極めて重要な卸売業者の生き残りの条件となるが，それと同時に，今後の卸売業にとっては情報システムを利用したリテイルサポート機能こそがますます重要となってくると考えられる。効果的な情報システムを構築し，適切な情報提供を通して得意先小売業の発展に寄与できるかどうかが，現在非常に厳しい環境下に置かれている卸売業が生き残っていくための重要な条件となるのである。

[注]

1）鈴木安昭『新・流通と商業［改訂版第2補訂］』有斐閣，1997年，pp.52-55。
2）波形克彦稿「小売業の情報システムはPOSが基本」波形克彦・小林勇治編『小売業の「情報システム」活用の具体策』経林書房，2000年，p.20。
3）JAN型POSシステムとは，JANコードを使用して販売商品データの入力その他の処理が行われるPOSシステムのことである。
4）平成13年流通情報システム化実態調査（流通情報システム開発センターホームページ，http://www.dsri-doc.jp/chousa/2001.htm）。
5）原田英生稿「情報化の進展と流通機構」田島義博・原田英生編『ゼミナール流通入門』日本経済新聞社，1997年，p.279。
6）波形克彦稿，前掲書，p.20。
7）POSシステムのメリットについては，波形克彦稿，前掲書，pp.25〜28を参照した。
8）大下明文，富田充，宮内健稿「進化するコンビニ経営」『フォーブス（日本版）』2002年11月号，ぎょうせい，p.76。
9）原田英生稿，前掲書，p.277。
10）田口冬樹『体系　流通論』白桃書房，2001年，p.75。
11）大下明文，富田充，宮内健稿，前掲論文，p.76。
12）新納一徳稿「定番品の受注はEOSに切り替える」波形克彦編著『新世紀を勝ち抜く「卸売業」の情報システム』経営情報出版社，1999年，pp.133-134。
13）VANとは，付加価値通信網（Value Added Network）のことで，通信回線を電気通信事業者から借りて（利用して），プロトコル変換，フォーマット変換，メディア変換などの通信技術処理と情報処理を行うネットワークのことである（宮下淳・江原淳『販売・流通情報システムと診断（増補版）』同友館，2000年，p.228より）。
14）宮下淳「情報ネットワークの進展と流通」宮下淳・江原淳『販売・流通情報システムと診断（増補版）』同友館，2000年，p.201。
15）流通システム開発センター編『EDIの知識』日本経済新聞社，1997年，p.68。
16）波形克彦稿「情報化の視点は「消費者」に置く」波形克彦編著，前掲書，p.12。
17）流通システム開発センター編『進化するPOSシステム』1995年，p.122。
18）流通システム開発センター編，同上書，p.123。
19）波形克彦稿，波形克彦・小林勇治編，前掲書，p.28。
20）沼野伸生稿「ポイントカード・システムを進化させた使い方」波形克彦・小林勇

治編，前掲書，p.167。
21) 後久敬二「情報システムで卸売業は新業態化する」波形克彦編著，前掲書，p.39。
22) 流通システム開発センター編，前掲書，p.160。
23) 前田進稿「商品の売行き情報を提供する」波形克彦編著，前掲書，p.205。
24) 流通システム開発センター編，前掲書，1995年，p.164。

第6章　わが国における商業の新展開

第1節　IT社会におけるe-コマース

1　e-コマースの動向

e-コマース（Electronic Commerce）は，わが国では電子商取引（EC）といわれ，1990年代半ばのインターネット普及とともに市場規模を拡大してきているといわれている。ＥＣは，電子的な商取引ということであるが，この商取引が企業間であればB to B（Business to Business），企業と消費者間の商取引はB to C（Business to Consumer）といわれている。そこで，まずデータによってＥＣの動向を概観してみる。

(1)　B to B（企業対企業）

①　世界規模[1]

米国調査会社eMarketerによれば，世界のB to B市場規模は2000年の2,262億ドルから2004年には約2兆7,747億ドルと予測され，4年間で12倍以上，年率換算で87％強の伸び率である。

地域別に見れば，2000年のシェアは北米が70.4％，アジアが16.0％，ヨーロッパが11.6％であり，2004年の予測では北米が57.7％，ヨーロッパが28.7％，ア

ジアが10.8％の順となっている。

② わが国[2]

a．市場規模

電子商取引推進協議会，経済産業省，NTTデータ経営研究所「平成13年度電子商取引に関する市場規模・実態調査」(2002年2月)によれば，1998年（第1回調査）の8兆6,200億円から2000年に21兆6,000億円，2001年には34兆270億円と年間平均成長率は60％となっており，2004年には78兆4,300億円，2005年には約100兆円，2006年には約125兆円と予測されている。

図表6－1　日本の企業間EC市場規模の将来予測

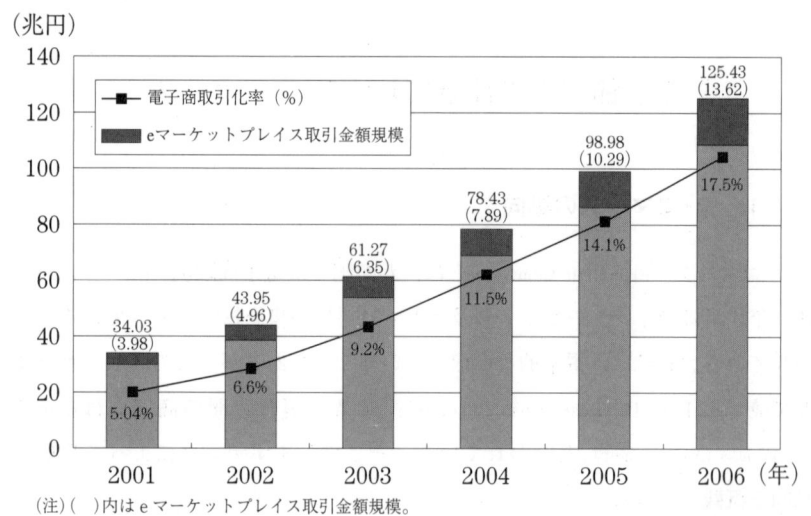

(兆円)

年	市場規模	(eマーケットプレイス取引金額規模)	電子商取引化率
2001	34.03	(3.98)	5.04％
2002	43.95	(4.96)	6.6％
2003	61.27	(6.35)	9.2％
2004	78.43	(7.89)	11.5％
2005	98.98	(10.29)	14.1％
2006	125.43	(13.62)	17.5％

(注)（ ）内はeマーケットプレイス取引金額規模。
出所：電子商取引推進協議会，経済産業省，NTTデータ経営研究所「平成13年度電子商取引に関する市場規模・実態調査」(2002年2月)。

b．e-マーケットプレイス

わが国におけるe-マーケットプレイス市場は，2001年に3兆9,800億円で，B to B市場規模の約11.7％，2006年には13兆6,200億円（同11％）と予測されている（図表6－1）。e-マーケットプレイスとは，企業間取引において複数の企業がインターネット（Webサイト）を利用し，電子商取引を行う市場のことである。

わが国においてはたとえば，e-アグリ(株)の運営する「あぐりぷらっと」[3)]があり，農作物生産者と中小小売企業がインターネットのWebサイト「あぐりぷらっと」にアクセスし，直接農産品の取引を行うシステムである。

その概要は，生産者が売りたい農産品を提示する方法と小売企業が買いたい農産品を提示する方法があり，取引はオークション形式ではなく，出荷計画，販売計画などを考慮して現状の取引に沿った1対1の形で行われる。提示する内容には，農産品の種類，数量のほか，各農産品の特徴，サンプル出荷の可否，コメント欄などがあり，取引の応答，返答，確認など一連のフローがWeb上で行われ，取引が成立すると，生産者から小売企業に直送される。小売企業は，店頭販売する農産品の詳細や生産者の登録内容をプリントアウトしてそのまま店頭に掲示することもでき，消費者に生産者の情報も提供できる。さらに，「あぐりぷらっと」では，農産品に関するニュースや市況情報なども提供され，生産者，小売企業の双方での情報共有や活用も可能としている。

このようにe-マーケットプレイスにおいては，当事者同士の取引だけでなく，物流や決済などのサービスを他のWebサイトとの提携などを通じて提供したり，参加者のコミュニティの場を設けたりと，ネットワークは拡がる可能性をもっている。

c．産業別市場規模順と電子商取引化率

わが国における2001年のB to B市場の産業別市場規模は，「電子・情報関連機器」が15兆840億円でそのシェアは44.3％，「自動車」は13兆5,190億円で39.7％と，上位2分野で8割以上を占めており，「情報処理・ソフトウェア関連サービス」は3,840億円で1％にしかすぎない。

2006年には，産業別市場規模のシェアは，「電子・情報関連機器」が31.0％，「自動車」23.46％，「建設」14.48％，「繊維・日用品」10.97％，「鉄・非鉄・原材料」8.24％，「食品」8.18％，「化学」7.08％，「産業関連機械・精密機械」6.99％，「運輸・旅行サービス」6.45％，「紙・事務用品」5.15％，「情報処理・ソフトウェア関連サービス」2.29％などと予測されている。

次に電子商取引化率は，2001年の5.04％から2004年に11.5％，2006年には

図表6－2　2001年における日本の企業間EC市場規模

分類	前回調査				今回調査	
	2000年		2001年予測		2001年	
	市場規模(億円)	電子商取引化率(%)注2	市場規模(億円)	電子商取引化率(%)注2	市場規模(億円)	電子商取引化率(%)注2
食品	6,800	1.09	8,300	1.36	8,170	1.31
繊維・日用品	5,800	1.53	7,200	1.93	8,250	2.21
化学	240	0.04	1,200	0.21	4,570	0.78
鉄・非鉄・原材料	3,800	0.99	6,900	1.83	8,750	2.32
蚕業関連機械・精密機械	1,100	0.20	3,600	0.66	9,650	1.77
電子・情報関連機器	119,900	18.89	185,300	29.72	150,840	24.19
自動車	72,500	16.10	121,300	27.39	135,190	30.52
建設	2,700	0.27	13,200	1.35	3,770	0.39
紙・事務用品	160	0.09	2,380	1.34	1,340	0.75
電力・ガス・水道関連サービス	0	0.00	0	0.00	0	0.00
金融・保険サービス	該当なし	該当なし	該当なし	該当なし	10	0.003
運輸・旅行サービス	2,900	1.11	8,000	3.11	5,500	2.14
通信・放送サービス	該当なし	該当なし	該当なし	該当なし	130	0.11
情報処理・ソフトウェア関連サービス	該当なし	該当なし	該当なし	該当なし	3,840	4.04
その他サービス注1	該当なし	該当なし	該当なし	該当なし	260	0.02
昨年度の該当なし分を除外した小計	215,900	4.14	357,380	6.98	336,030	6.57
合計					340,270	5.04

(注) 1．その他のサービスには，出版／印刷，教育，医療／保健／福祉，広告不動産関連，物品賃貸，専門，人材派遣，娯楽サービスを包括．
　　 2．電子商取引化率は，中間需要と最終需要の関連部分との合計金額に対する電子商取引金額の割合．なお，前回調査の電子商取引化率については最新のSNA産業関連表に基づき再計算を行っている．

出所：電子商取引推進協議会，経済産業省，NTTデータ経営研究所「平成13年度電子商取引に関する市場規模・実態調査」(2002年2月)．

17.5％と予測されている．

これを産業別に見ると，2001年では「自動車」が最も高く30.52％，ついで「電子・情報関連機器」が24.19％（図表6－2），2006年には，「自動車」49.7％，「電子・情報関連機器」46.7％，「繊維・日用品」27.6％，「紙・事務用品」27.2％，「運輸・旅行サービス」23.5％，「情報処理・ソフトウェア関連サービス」22.6％，「鉄・非鉄・原材料」20.6％，「建設」13.9％，「食品」12.6％，「産業関連機械・精密機械」12.0％，「化学」11.4％等と予測されている．

(2) B to C（企業対消費者）

① 世界規模[4]

米国調査会社eMarketerによれば，世界のB to C市場規模は2000年の597億

ドルから2004年には4,281億ドルと予測され，4年間で7倍以上，年率換算で64％の伸び率である。

地域別に見れば，2000年のシェアは北米が79.5％，ヨーロッパが13.6％，アジアが5.4％であり，2004年の予測では北米が46.2％，ヨーロッパが42.6％，アジアが8.9％の順となっている。

② わが国[5]

a．市場規模

電子商取引推進協議会，経済産業省，NTTデータ経営研究所「平成13年度電子商取引に関する市場規模・実態調査」(2002年2月) によれば，1998年（第1回調査）の645億円から2000年に8,240億円，2001年には1兆4,840億円と成長率はやや低下傾向にあるが，2004年には8兆3,110億円，2005年には12兆4,950億円，2006年には16兆2,970億円と予測されている。

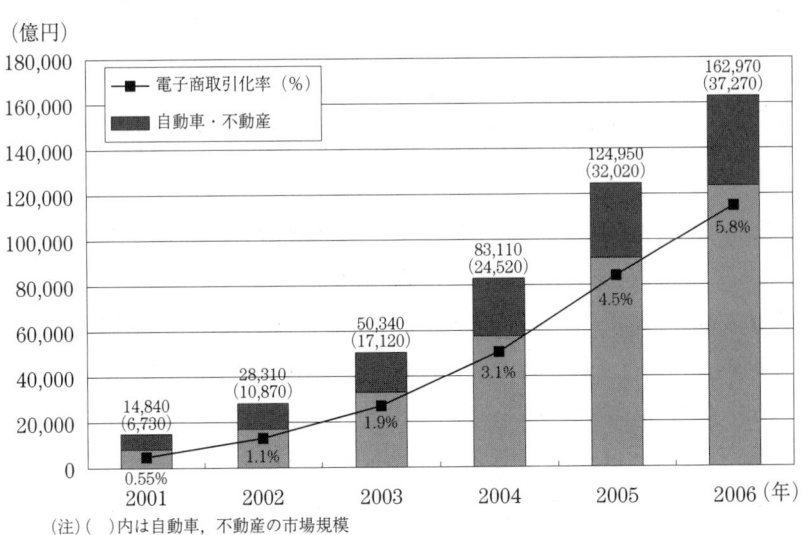

図表6－3　日本の企業－消費者間EC市場規模の将来予測

（億円）

年	市場規模	(自動車・不動産)	電子商取引化率
2001	14,840	(6,730)	0.55％
2002	28,310	(10,870)	1.1％
2003	50,340	(17,120)	1.9％
2004	83,110	(24,520)	3.1％
2005	124,950	(32,020)	4.5％
2006	162,970	(37,270)	5.8％

（注）（ ）内は自動車，不動産の市場規模

出所：電子商取引推進協議会，経済産業省，NTTデータ経営研究所「平成13年度電子商取引に関する市場規模・実態調査」(2002年2月)。

b．商品別市場規模順と電子商取引化率

わが国における2001年のB to C市場の商品別市場規模は,「自動車」が3,470億円でそのシェアは23.4％,「不動産」22.0％,「パソコンおよび関連製品」10.0％,「旅行」8.0％,「エンターテインメント」7.3％などである。

図表6－4　2001年における日本の企業－消費者間EC市場規模

商品・サービスセグメント	前回調査				今回調査	
	2000年		2001年予測		2001年	
	市場規模(億円)	電子商取引化率	市場規模(億円)	電子商取引化率	市場規模(億円)	電子商取引化率
パソコンおよび関連製品	910	6.00	1,690	13.94	1,480	12.20
旅行	610	0.42	1,750	1.27	1,190	0.79
エンターテインメント	590	0.49	1,330	1.12	1,090	0.92
書籍・音楽	200	0.62	630	1.99	340	1.07
衣類・アクセサリー	270	0.17	610	0.39	580	0.37
ギフト商品	40	0.08	150	0.31	70	0.14
食料品	330	0.07	540	0.12	560	0.13
趣味・雑貨・家具	220	0.17	480	0.37	490	0.38
自動車	2,020	1.61	4,230	3.42	3,470	2.80
不動産	1,760	0.37	2,350	0.54	3,260	0.74
その他物販	540	0.26	1,210	0.59	980	0.47
金融	440	0.43	990	0.99	630	0.63
各種サービス	310	0.04	1,110	0.15	700	0.09
合計	8,240	0.30	17,070	0.64	14,840	0.55
(うちデジタルコンテンツ)	500	―	1,330	―	930	―

（注）電子商取引化率は，家計部門の最終消費，住宅投資金額等に対する電子商取引市場規模金額の割合。
　　　前回調査の電子商取引化率は最新のSNA産業関連表に基づき再計算を行っている。
出所：電子商取引推進協議会，経済産業省，NTTデータ経営研究所「平成13年度電子商取引に関する市場規模・実態調査」（2002年2月）。

電子商取引推進協議会「2001年度ECサイト事業者のビジネスモデル調査」6）によれば，販売側からみた件数ベースで，最もよく売れている商品・サービスは,「食料品」,「美容・健康・医薬・医療関連品」,「衣料品」,「生活雑貨(家具・家庭用品・小物類など)」,「趣味・娯楽関連商品」,「服飾雑貨・貴金属」などである。

2006年には，商品別市場規模のシェアは,「各種サービス」15.8％,「旅行」14.6％,「自動車」14.2％,「不動産」8.7％,「衣類・アクセサリー」8.2％,「食料品」7.3％,「エンターテインメント」6.9％,「趣味・雑貨・家具」6.5％,「その他物販」6.4％,「金融」3.8％,「パソコンおよび関連製品」3.5％,「書籍・音楽」3.3％,「ギフト商品」1.0％と予測されている。

次に電子商取引化率は，2001年のわずか0.55％から2004年に3.1％，2006年

には5.8％と予測されているが商品別では,「パソコンおよび関連製品」34.0％,「自動車」17.5％,「書籍・音楽」15.9％,「旅行」15.6％,「エンターテインメント」8.9％,「衣類・アクセサリー」8.0％,「趣味・雑貨・家具」7.7％,「金融」5.7％,「その他物販」4.9％,「各種サービス」3.3％,「不動産」3.2％,「ギフト商品」3.1％,「食料品」2.6％となっている。

2 e-コマースの概念

前項では,わが国におけるe-コマースの動向を電子商取引推進協議会,経済産業省,NTTデータ経営研究所「平成13年度電子商取引に関する市場規模・実態調査」(2002年2月)によって概観したが,そこでのe-コマース(電子商取引)の定義は,インターネット技術を用いたコンピュータネットワークシステムを介して商取引行為が行われ,かつその成約金額が捕捉されるものであり,この場合の「商取引行為」とは,経済主体間での財の商業的移転に関わる受発注者間の物品,サービス,情報,金銭の交換であり,インターネット上で受発注が行われなくても,インターネット上での情報入手などが契機となって行われた商取引がe-コマースに含まれている[7]。

この定義のポイントの第1は,「electronic」を「インターネット」活用による商取引ということであるが,インターネット普及以前(1970年代後半)から次にあげるような電子商取引は行われていたと考えることもできる。

① **VAN**(Value Added Network)

VANとは,付加価値通信網と訳せるが,中小企業庁によれば,「公衆電話通信事業者の回線を利用して,顧客のニーズに応じて,コンピュータの編集,検索,蓄積の機能を用い,情報の形式を変えるなどの処理を行う情報処理の一形態である。[8]」としている。

VANに参加している企業は,VANを運営しているVAN会社という第三者を,参加企業間での各種データ交換等に共同利用することにより,異なったコンピュータや端末機を利用している企業間での情報ネットワークや,異なった業種の企業間での情報ネットワークの構築を可能とした。

B to C商取引においてもパソコン通信ネットワークによって電子商取引（ホームショッピング）がなされていた。

② **EOS** (Electronic Ordering System)

EOSとは，電子式発注システムと訳せるが，中小企業庁によれば，「売場に陳列されている商品を補充するために，補充すべき数量を携帯型データ・エントリー端末にインプットし，このデータを送信端末を用い送信する商品補充システムである9)。」としている。

ＶＡＮがＥＯＳのネットワーク構築の通信インフラとなり，小売業者と卸売業者間の受発注などのB to B商取引が行われてきた。

③ **EDI** (Electronic Data Interchange)

ＥＤＩとは，（社）日本ロジスティックシステム協会によれば，「異なる組織間で，商取引のためのメッセージを，可能な限り広く合意された標準的な規約によって，通信回線を介して，コンピュータや端末機間で交換することである10)。」としている。

すなわち，企業間商取引におけるデータの異なるフォーマットを電子化されたデータが異なる企業のコンピュータ間で通信回線を通して統一的な規格によって交換されるシステムである。これによってB to B商取引のネットワーク化は促進されることになるが，ＶＡＮをインフラとしたシステムからインターネットを利用したＥＤＩに発展していく。

e-コマースの定義の第2のポイントは，「commerce」を「商取引」と訳す場合，商取引をどのように捉えるかが問題となる。

NTT[11]によれば，電子商取引とは，インターネット等のオープンネットワークを市場として捉えた，ネットワーク上の商活動であり，また，アーサーアンダーセン[12]によれば，e-ビジネスとは，ネットワーク化された技術を利用することにより，モノ，サービス，情報および知識の伝達と交換を効率的に行うことである，としている。

高橋秀雄氏は，e-コマースは，電子的になされる商取引だけでなく，電子的になされるビジネス一般を含んでいるものとみるべきであり，電子商取引と

インターネット取引とを全く同一のものとみなすことは適切でないとしている。そして，電子商取引を問題にするときには，インターネット商取引のみを問題にするのか，それ以外のコンピュータ・ネットワークや諸手段・技術等による電子商取引をも併せて問題にするのかを明確にしておくとともに，具体的にどのような展開分野のどのような形態・内容のものがそれに含まれるのかをしっかり定義する必要があると述べている[13]。

では，「ビジネス」をどう捉らえるかという問題があり，e-コマース（「商取引」）の概念は多様である[14]。したがって，何を問題にするかによって市場規模の捉え方も異なり，アプローチの方法も多様である。

e-コマース（電子商取引）は，前述したように広義にはインターネット以外の電子商取引を含むが，今日のインターネットの急速な普及により，インターネットを活用した商取引が，生産から物的流通・情報流通まで「ビジネス・システム」の変化をもたらし，e-コマース（ビジネス）による流通システムの変革が消費生活行動までを変容させるIT革命社会としてとりあげられているといえる。

3　e-コマースと流通システム

(1)　e-コマースのパターン

①　小売企業によるe-コマース[15]

小売業者によるインターネットを活用したバーチャル・ショップ（仮想商店）やバーチャル・モール（仮想商店街）は，当初は取り扱い商品を次のように限定するであろう。

・少量生産から希少価値のある商品，あるいは逆にグローバルな商品
・生活者や消費者があえて見たり，触れたりする必要のないスペックが明瞭な日常的・習慣的標準商品，なかでも低価格商品
・高度な専門的商品知識や技術および質の高いサービスとくにアフター・サービスを必要としない商品
・全般に，配送コストの占める割合が小さく，返品の少ない商品，などである。

これに対して，従来のリアル小売企業は，店舗を商品ディスプレー型から情報プロバイダー型へ移行させようとする。バーチャル・モールなどからの情報密度が高いほど顧客は，リアル店舗でそれを確かめてから，直接店舗におもむき，見て，触れて，試し，納得してから購買行動を起こし，満足を得るような体験をしたいと望むであろう。リアル店舗の商品情報は，ネット上のバーチャル・モールなどに比べて数倍の商品情報を提供するだけでなく，個性的な店舗，質が高く付加価値のある接客サービスや対話，ホスピタリティ・マインド，エンタテインメントやアメニティなど情報空間を提供する店舗となる。

　リアル店舗においては，取扱商品をネット商品とリアル商品に適時分別し，バーチャル・モールで取り扱う商品も自らのバーチャル・モールを開設し，店頭のリアル商品と融合させる，いわゆるクリック＆モルタル経営を展開することになろう。

② インターネットによる「B to C」販売・サービス

　伝統的な流通システムにおいては，消費者は小売業者やサービス業者から商品やサービスの提供を受けてきたが，インターネットを活用した「B to C」は，小売業者によるバーチャル・ショップやバーチャル・モールのみならず，商品やサービスを提供する主体がメーカーや卸売業者からもオンラインにより以下のように販売やサービスの直接取引が可能となる[16]。

a．オンライン・カタログ

　　企業のホームページで自社の商品を説明するものである。有効な商品は購入金額がある程度高く，購入までの検討期間が長い商品であり，例えばパソコンとその周辺機器，自動車，不動産，旅行商品などである。

b．オンライン・シミュレーション

　　銀行，保険，証券会社などのローンや掛け金は，ユーザーの諸条件をホーム・ページ上で入力し，その場でシミュレーションできる。

c．オンライン予約

　　インターネット利用により最も普及した商品の一つで，航空券，列車，

ホテル，コンサートなどの予約である。
d．オンライン販売
　商品を探し出す手間を省く書籍やＣＤなど，また相手先に配送されるギフト商品などである。
e．オンライン顧客サービス
　会員カードを発行したり，アフター・サービスの必要な商品は，ユーザーのほうからアクセスし，情報提供サービスを受けることができる。
f．オンライン調査
　ホームページ上にユーザーからのクレームや新商品の評価アンケートなどを調査し，メーカーであれば製品改良や新製品開発のための情報として活用する。

③　ネット・オークション
　インターネットによるオークションは，「B to C」のみならず，「C to C」，「B to B」のパターンがあるが，「B to B」オークションのメリットは次のようなことである[17]。まず，売り手（出品者）は，中間流通のための時間や費用が削減され，また過剰在庫も削減され，オークションを通じて顧客の側で商品の対価や購入数量を決定してくれるということから，市場価値が確立するなどである。
　一方，買い手は，入手困難なものを含めて，非常に様々な財・サービスが得られ，かなりのディスカウント価格で見つけられることなどであるが，このことは「B to C」，「C to C」オークションにおいても同様であろう。
　また，消費者が購入希望の商品やサービスの種類や価格を企業側に提示し，落札希望の企業がそれに応対する「C to B」逆オークションもある。

(2)　e-コマースが流通システムに及ぼす影響
　インターネットの急速な普及によりe-コマース（e-ビジネス）は，進展しつつあり，流通システムを変容させてきている[18]。
　今日のＩＴ社会以前の工業社会は，大量生産・大量消費の社会であり，それは大量流通をも意味するが，メーカー主導型の流通システムであった。今日の

IT社会にあっては，消費者ニーズは多様化・個性化し，これに対応した生産・流通体制を構築しなければならなかった。

例えばPOSシステムは，小売店頭での販売時点における情報管理システムであるが，消費者情報の収集・分析・加工のみならず，戦略的意思決定を可能とし，小売企業のもつ情報が流通上の競争優位性をもつことになった。つまり，小売主導型の流通・生産システムを促進することになる。

そして，インターネットによるe-コマースは，B to Bでは，小売業がメーカーと直接取引する新たな流通システムが構築されることになり，ここにおいては，卸売業者の役割は大幅に減り，排除傾向は強くなっていく。

さらに，B to Cでは，メーカーが消費者と直接取引することにより，従来の流通系列化の関係を崩壊させつつあるといってよいであろう。

このようにインターネットによるe-コマースは，伝統的な流通システムを変容させてきているが，これに対応した新たなビジネス・モデルを開発するチャンスでもある。例えば，卸売業者によるB to C取引も可能であり，すべての企業が消費者との直接取引を可能とする。

流通情報は，メーカー，卸売業，小売業，消費者といった垂直的流通システムだけでなく，物流業者，金融業者，情報業者などネットワークによるコラボレーション・サプライチェーン・マネジメント[19]として取り組む必要がある。

e-コマースの拡大要因は，IT高度化とともにユーザーの情報リテラシーであるが，セキュリティの問題などが課題とされている[20]。

第2節　小売商業とまちづくりの新展開

1998年に「中心市街地活性化法」および「改正都市計画法」，2000年には「大規模小売店舗立地法（大店立地法）」が施行され，これらは「まちづくり3法」といわれている。このうち「改正都市計画法」と「大店立地法」はまちづくりにおける規制的側面に関わる法律であり，本節では「中心市街地活性化法」をもとに，小売商業とまちづくりを考える。

1 中心市街地活性化法（中心市街地における市街地の整備及び商業などの活性化の一体的推進に関する法律）

(1) 目　的

「都市の中心市街地が地域の経済及び社会の発展に果たす役割の重要性にかんがみ，都市機能の増進及び経済活力の向上を図ることが必要であると認められる中心市街地について，地域における創意工夫を生かしつつ，市街地の整備改善及び商業などの活性化を一体的に推進するための措置を講ずることにより，地域の振興及び秩序ある整備を図り，もって国民生活の向上及び国民経済の健全な発展に寄与すること」としている（第一条）。

中心市街地は，都市において人，モノ，情報が集積する場所であり，地域社会の核として，人が住み，遊び，働き，交流する場を形成してきたが，こうした中心市街地が空洞化し，機能的な都市活動の確保が困難となっている等の問題が深刻化している[21]。こうした課題に対処するための措置を講ずるのが本法の趣旨である。

このような問題の背景には，土地の輻輳した権利関係のため，必ずしも合理的な土地利用が確保されていない市街地における都市機能の低下，モータリゼーションの進展を背景とした車によるアクセスの相対的悪化，多様化かつ高度化する消費者ニーズや時間消費空間へのニーズに十分対応できない商業集積等の複合的な要因がある。この要因に対応するためには，豊かで生活しやすい都市ストックを次世代に残すために都市の再構築を図っていくことが重要であるとともに，中心市街地における，ヒト・モノ・カネ・情報の交流の中核的な担い手となっている商業などの活性化を図ることが重要である。このような観点から，都市の基盤たる施設などの整備と商業・都市型新事業の活性化のための施策を一体的に講ずることが必要不可欠である。

このことにより，中心市街地の有する機能が増進し，快適かつ文化的な生活空間の実現，高齢者の住みやすい街づくり，新たな事業機会の苗床，効率的な投資と経済活動の実現，環境調和型の社会への対応などを通じて，国民生活の

向上とわが国経済社会の発展につながることになる。

中心市街地は，地域社会の核としての役割を果たしてきている地域であることから，その地域における市街地の整備改善と商業等の活性化への取り組みは，まさにその地域の行政，住民等が一体となって主体的になされるべきものである[22]。

そこで，地域の積極的なイニシアティブの発揮を促しつつ，市街地の整備改善と商業等の活性化を一体的かつ総合的に推進するための仕組みを創設することにより，地域レベルにおいて，地域の振興と秩序ある整備を図り，もって，国全体の観点から，国民生活の向上及び国民経済の健全な発展に寄与することが本法の目的である[23]。

(2) **基本的方針**

中心市街地は，以下のような点を始めとする経済社会的な意味において，各地域及びわが国全体の発展に重要な役割をはたすべきであり，国民生活及び経済活動の基盤として，その活性化を図ることは重要な課題である[24]。

① 小売商業者や様々な都市機能が集積しており，住民や事業者へのまとまったサービスを提供できること

② 商業，公共サービス等の機能が身近に備わっていることから，高齢者等にも暮らしやすい生活環境を提供できること

③ 商工業者その他の事業者や各層の消費者が近接して立地し相互に交流することによって，効率的な経済活動を支える基盤と新規産業の誕生を促す苗床の役割を果たすこと

④ 過去の投資の蓄積を活用しつつ，各種の投資を集中することによって，投資の効率性が確保できるとともに，環境負荷の小さな街づくりにもつながること

特に，都市が人口や産業の集中に伴って外延的に拡大する段階から，人口動向の安定化等に伴って成熟すべき段階へと歴史的転換期を迎えていることに対応して，都市の再構築を図ることが重要である。

また，自然発生的に形成されてきた中心市街地の商業集積が，消費者のライ

第6章　わが国における商業の新展開

フスタイルの変化やニーズの多様化といった環境変化に十分対応していくためには，中心市街地の商業集積が，商業機能に加えて地域コミュニティの場としての機能を有していることに着目し，中心市街地の商業全体を面的に捉えてその活性化を図ることが重要である。

中心市街地活性化施策の全体イメージ（1998年）は図表6－5のように示されている。

図表6－5　中心市街地活性化施策の全体イメージ

商業集積の面的な整備促進
魅力ある聖教集積の形成
（支援メニューの例）
○中核商業施設とその周辺小売業の立地促進と活力ある共存　　　　（通産）
○タウンマネジメント機関（TMO）による創造力あふれる商店街等の整備
　　　　　　　　　　　（通産）
○都市型新事業の新たな展開の支援　　　　　（通産）
○物流効率化等のための電子商取引事業等の導入
（通産・郵政・農水・運輸）

計画的な公益施設等の整備
公益・集客施設の整備・活用
（支援メニューの例）
○公営住宅等に住宅福祉機能を有する都市型複合デイサービスセンターの整備　　　　　　　　（厚生）
○社会教育・体育使節の整備と生涯学習の支援事業
　　　　　　　　　　　（文部）

既存市街地居住の推進
居住環境の整備
（支援メニューの例）
○中心市街地活性化住宅の供給事業　　　　（通産）
○街路や各種施設内のバリアフリー化
　　　　　　　（建設・厚生）

ソフト面の充実
ソフト・人材支援
（支援メニューの例）
○中心的役割を担うリーダーやタウンマネージャーの育成　　（自治・通産）
○交通ターミナル等と一体となった観光・宿泊施設の整備等観光サービスの充実　　　　　（運輸）

通産省の主要な施策の概要
○市町村の基本構想策定への支援
○商業・サービス業，都市型新事業集積関連施設の整備主体への出資　（地域振興整備公団）
○施設整備への補助
　　　（市町村・3セク・事業者）
○TMOへの支援
○3セクの経営基盤強化
○施設整備事業への低利融資等
○テナントミックス管理のための基金造成（高度化無利子融資）
○物流システムの効率化・高度化，電子商取引の導入

税制面の支援者（通産等）
○国　税：商業施設等の特別償却登録免許税の軽減等
　　　　　不動産譲渡所得の特例
○地方税：事業所税の減免
　　　　　特別土地保有税の非課税

中心市街地
（市町村等の基本計画）

面的整備事業と土地の有効利用の促進
○土地入替え，集約による街なか再生事業
○土地区画整理事業，市街地再開発事業等の促進（建設）
○定期借地権等の有効利用の促進

都市基盤施設の整備
○バイパス・環状道路等の周辺地域との道路ネットワークづくり（建設）
○立体駐車場や地下空間を活用した駐車場等の整備（建設・通産）
○コミュニティバス等公共交通機関の整備（運輸）

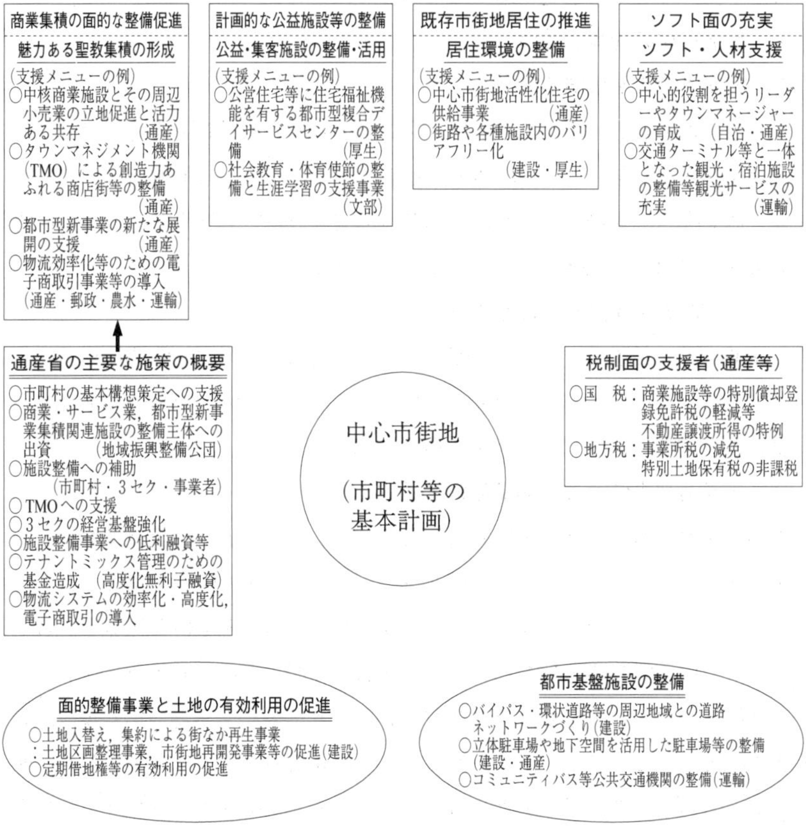

出所：通商産業省産業政策局中心市街地活性化室編（1998）『中心市街地活性化法の解説』p.263。

(3) 基本計画に基づく各種事業の一体的推進に当たっての基本的視点[25]

① 市町村による主体的な取組み

　中心市街地の空洞化には，個々の地域の実情を反映した様々な要因が影響しており，また，中心市街地には，地域の歴史，文化，伝統，風土等の諸条件が色濃く反映している。したがって，中心市街地に対する取組みは，地域の特性を十分に把握しており，地域に最も身近な行政主体である市町村が中心となって，地域の関係者の積極的な協力を得つつ，基本計画の作成およびこれに基づく事業の推進を図ることが重要である。

② 地域住民の理解と協力

③ 民間活力の最大限の活用

　中心市街地の活性化のためには，民間資金の流入や民間事業者の回帰・進出等民間投資の誘導・促進を強力に推進すべきであり，市町村等の公的主体は，民間事業の前提となる条件や基盤の整備を積極的に行うとともに，民間事業者との綿密な連携確保に努めることが重要である。

④ 広域的観点を踏まえた取組み

　交通手段の発達等により，実際の都市圏や商圏は市町村の区域を越えて大きな広がりを見せており，市町村を越えた広域的観点からの基本計画相互の整合性や連携の確保にも留意する必要がある。

(4) 商業活性化のための事業等の必要性[26]

　中心市街地において自然発生的に形成されている商店街等の商業集積が，ワン・ストップ・ショッピングの利便性やアメニティ機能への消費者及び住民のニーズに応えていくためには，中心市街地における商店街等の商業集積において，広く「面」的展開を視野に入れて，多様な規模・業種・業態の店舗構成，店舗配置の計画的な実現や，その事業展開を支える各種基盤施設の整備等に取り組む必要がある。また，当該市町村における商業の配置に関する総合的な検討を他の関連施設の活用状況等を踏まえ，中心市街地の商業の活性化に取り組むことが重要である。

　都市型新事業は，中心市街地に集まる個人消費者や事業者などのニーズに対

応した商品・サービスの提供を行う事業であり，商業機能の活性化の一翼を担うものとして期待される。このため，小売商業の活性化と併せて，都市型新事業を実施する企業等の立地を促進し，中心市街地における活発な事業活動の展開を図ることが有意義である。

(5) 中心市街地活性化法の仕組み

国の「基本方針」に基づいて市町村が中心市街地の位置及び区域の指定，活性化の方針，目標，実施事業に関する基本事項等の「基本計画」を作成する。これに対し，都道府県は助言，連絡調整を行う。

そして，市町村の「基本計画」に則って中小小売商業高度化事業をTMO（Town Management Organization）や民間事業者らが商店街整備や中核的商業施設に関する事業計画を作成し，国が認定し，支援を実施する。

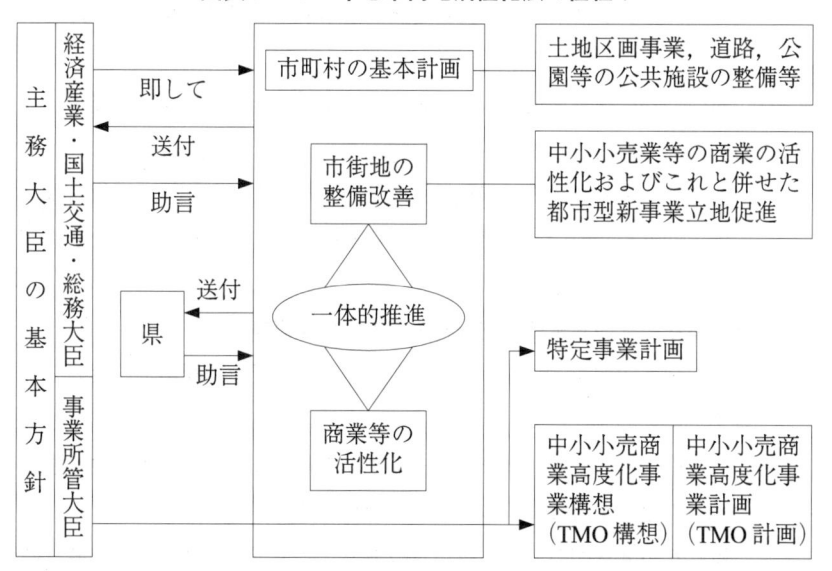

図表6－6　中心市街地活性化法の仕組み

出所：中心市街地活性化関係府省庁連絡会議「中心市街地活性化のすすめ2002年度版」。

支援事業は，大きく次の五つに分けられる[27]。

- 街の吸引力を高めるのに役立つ事業
- 街で快適に過ごせる環境を整えるのに役立つ事業
- 街に来やすくするための事業
- 街に住む人を増やすための事業
- 計画の実現に向けた仕組みや環境づくりに役立つ事業

(6) **商業活性化のための具体的事業の内容**[28]
① 多様な規模・業種・業態の小売事業者の集積の活性化及びそのための商業施設・商業基盤施設の整備等
　ア　中心市街地における中核的な商業施設，商業基盤施設の整備を行うこと
　イ　地域全体の望ましいテナントミックスを実現するため，タウンマネジメント的手法を活用しつつ空き店舗の活用事業，既存店舗・商店街のリニューアル等を行うこと
　ウ　街づくり，商業集積作りのコンセプト・ビジョンを策定し，実施していくため，専門家の活用・育成を図ること
　エ　新業態・新サービスの開発や製販配のネットワーク作り，電子商取引の導入促進，効率的な物流システムの構築，商店街の情報化等を進めることが重要である。
② 都市型新事業の立地の促進のための施設の整備等
　ア　地方公共団体をはじめとする公的主体が，賃貸型の事業場施設等を整備すること
　イ　居住の場としても良好な環境を構築できるコミュニティ調和型の事業場施設の整備や既存施設の建て替えを行うこと
　ウ　新たな事業展開のシーズとなる技術やアイデアの事業化とニーズとのマッチングによる市場への導入を支援する共同研究施設，産学連携支援施設，インキュベータ，情報交流施設，展示・販売施設といった施設整備を行うことが重要である。

なお，2002年度，経済産業省関係の中心的な事業は次のとおりである。

- ハード（施設）整備のための支援（中核的集積関連施設整備出資事業，商業・サービス業集積関連施設整備事業）；駐車場，多目的ホール，休憩所などの顧客利便施設，荷捌き場，研修施設などの小売業務円滑化施設の整備への出資・補助
- ハードとソフトの総合支援（中心市街地商業等活性化総合支援事業，中心市街地等商店街リノベーション補助金）；商業施設や商店街等活性化のための施設の整備と，商業活性化のためのソフト事業（空き店舗対策，テナントミックス，イベントなど）について総合的に補助
- 地域密着型商店街活性化のための支援（コミュニティ施設活用商店街活性化事業）；商店街を地域コミュニティの場として活用していくために，商店街振興組合，社会福祉法人，NPO法人などが商店街の空き店舗を借り上げて，保育施設や高齢者交流施設のコミュニティ施設を設置，運営する場合に改装費や家賃などを補助
- ビジネス・インキュベータの整備のための支援（起業家育成施設などの整備に対する補助，都市型新事業の立地促進のための施設整備に対する補助）；起業家に対し，経営，販路拡大，技術などの総合的な支援を行うことで，起業または成長の加速を促進する施設の整備への補助

(7) **市街地の整備改善に関する事業**

2002年度，国土交通省関係の中心的事業は次のとおりである。

- まちづくり総合支援事業；街づくりに必要な事業を市町村の発想に立って選択し，柔軟に執行できるようにした総合的な補助
- 面整備のための事業；土地区画整理事業，市街地再開発事業などによる面的な整備事業への補助
- 都市基盤施設などの整備のための事業；道路，公園，駐車場，路面電車などの公共交通機関などの都市基盤施設の整備事業への補助
- 住宅・建築物の整備のための事業；特定有料賃貸住宅，優良建築物などの整備事業への補助

2　TMO（Town Management Organization）[29]

(1)　TMOの発想の原点

　近年の新しいショッピングセンターは，物品販売にとどまらず文化，スポーツ，レジャー施設など多彩な機能を集積し，多様な生活者ニーズに応じる魅力を醸し出している。その背後には，それを一体的に管理・運営する機能（マネジメント）が存在している。中心市街地全体を一つのショッピングモールと見立て，その特性である総合的なマネジメント手法を中心市街地の維持・活性化のための有力な手がかりにしようと考えられたのが原点である。

　中心市街地には，ショッピングモールにはない多くの機能，資源と独自の文化，歴史が集積しており，その特性とポテンシャルを顕在化させ，郊外のショッピングセンターと対等にまたはそれ以上の魅力を回復できれば，その衰退傾向を逆転させる可能性を期待できる。ショッピングセンターから学ぶべき点を学び，それを独自のものに発展させることが，タウンマネジメントに求められている。

(2)　TMOの組織と役割
①　TMOの組織

　TMOは，商店街，行政，市民その他事業者の地域を構成する様々な主体が参加し，広範な問題を内包するまちの運営を横断的・総合的に調整・プロデュースし，中心市街地の活性化を維持に主体的に取り組む機関である。

　中心市街地活性化法では，TMOになりうる組織は，次の4種類のいずれかであることが定められている。

・商工会

・商工会議所

・第三セクター特定会社（中小企業が出資している会社であって，大企業の出資割合が2分の1未満であり，かつ，地方公共団体が発行済株式の総数または出資金額の3％以上を所有または出資している会社）

・第三セクター公益法人（基本財産の額の3％以上を地方公共団体が拠出してい

る財団法人）

　これらの組織のいずれかが，市町村の基本計画に即しつつ，中心市街地における商業の活性化のための事業に関する基本的な事項の中で，中小小売商業高度化事業の概要と，事業実施により期待される活性化の効果を記載したTMO構想（中小小売商業高度化事業構想）を作成し，市町村の認定を受けると，その組織が認定構想推進事業者いわゆるTMOと呼ばれることとなる。

② **TMOの役割**

　TMOが構想を作成した後，事業実施者は具体的な事業の計画（中小小売商

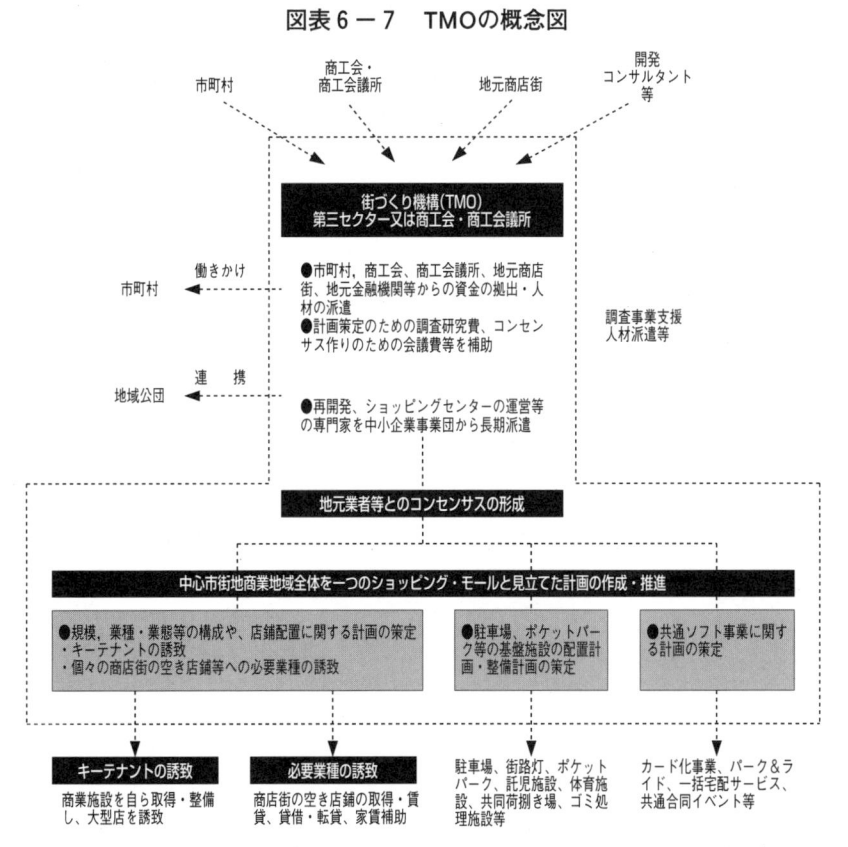

図表6－7　TMOの概念図

```
                     商工会・              開発
     市町村          商工会議所   地元商店街  コンサルタント
                                              等
        ↘            ↓          ↓          ↙
        ┌─────────────────────────────────────┐
        │   街づくり機構(TMO)                   │
        │   第三セクター又は商工会・商工会議所  │
        └─────────────────────────────────────┘

              働きかけ    ●市町村，商工会，商工会議所，地元商店
    市町村  ←─────────    街，地元金融機関等からの資金の拠出・人
                          材の派遣                              調査事業支援
                          ●計画策定のための調査研究費，コンセン 人材派遣等
              連携        サス作りのための会議費等を補助
    地域公団 ←─────────
                          ●再開発，ショッピングセンターの運営等
                          の専門家を中小企業事業団から長期派遣

        ┌─────────────────────────────────────┐
        │     地元業者等とのコンセンサスの形成  │
        └─────────────────────────────────────┘

        ┌─────────────────────────────────────┐
        │中心市街地商業地域全体を一つのショッピング・モールと見立てた計画の作成・推進│
        └─────────────────────────────────────┘

     ●規模，業種・業態等の構成や，店舗配置に関する計画の策定   ●駐車場，ポケットパー    ●共通ソフト事業に関す
     ・キーテナントの誘致                                     ク等の基盤施設の配置計    る計画の策定
     ・個々の商店街の空き店舗等への必要業種の誘致               画・整備計画の策定

    ┌─────────┐  ┌─────────┐
    │キーテナントの誘致│  │必要業種の誘致│  駐車場，街路灯，ポケット  カード化事業，パーク＆
    └─────────┘  └─────────┘  パーク，託児施設，体育施  ライド，一括宅配サービス，
     商業施設を自ら取得・整備  商店街の空き店舗の取得・賃   設，共同荷捌き場，ゴミ処   共通合同イベント等
     し，大型店を誘致         貸，貸借・転貸，家賃補助    理施設等
```

出所：通商産業省　中小企業庁『中心市街地活性化対策の概要について』平成10年　p.5。

業高度化事業計画）を作成し事業の推進に当たるが，TMOは自ら単独で事業を実施するか，商店街の組合など他の事業者と共同で事業を実施する。TMOは，様々な事業の実施に積極的に参画・推進するとともに，事業の適正な管理・運営を先導し，まちづくり全体の牽引役を果たす。

　TMOが中心市街地の活性化に向け取り組む事業は，中小小売商業高度化事業計画が中心となるが，それにとどまらず中心市街地の活性化・維持に関わる幅広い組織の調整の場として機能することが期待されている。そして，住宅や道路整備事業などの市街地の整備改善や福祉などに向けて市町村に働きかけを行ったり，地域の住民運動と連携して文化活動を行うなど地元商業者を代表して新しい発想で幅広い事業が総合的に遂行されることが望まれている。こうした積極的な取組みを通して初めて効果的な中心市街地の活性化を図ることができる。

③　TMOの事業手順

図表6－8　TMOの事業手順

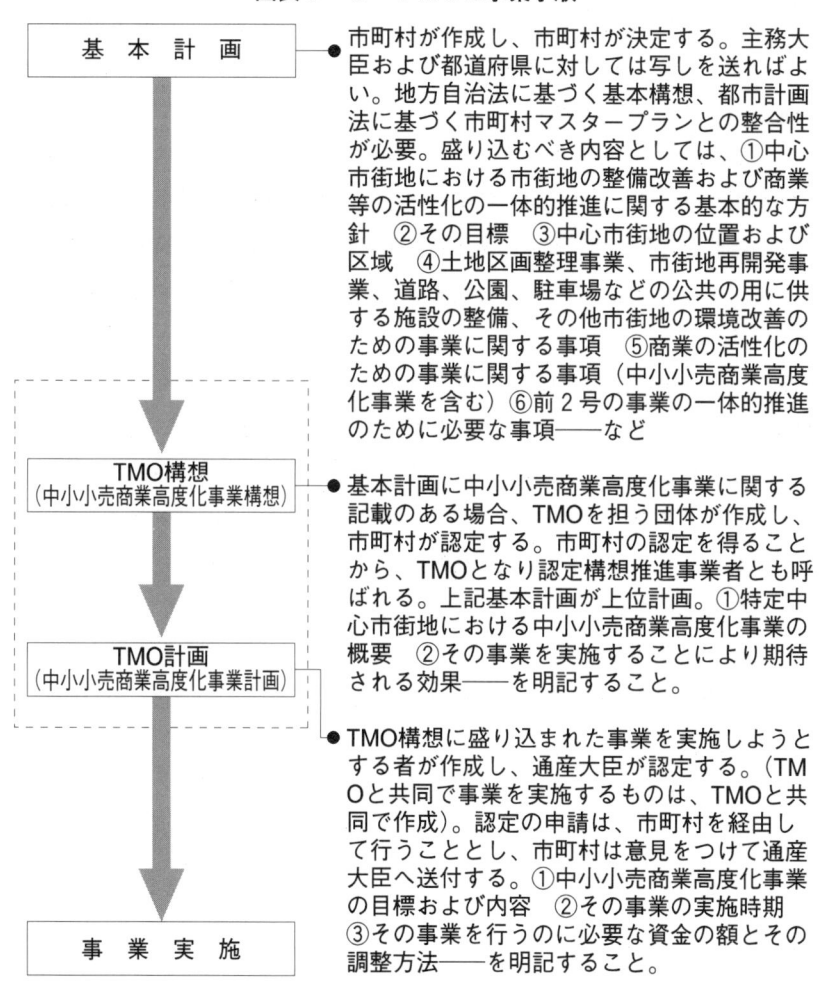

基本計画 → 市町村が作成し、市町村が決定する。主務大臣および都道府県に対しては写しを送ればよい。地方自治法に基づく基本構想、都市計画法に基づく市町村マスタープランとの整合性が必要。盛り込むべき内容としては、①中心市街地における市街地の整備改善および商業等の活性化の一体的推進に関する基本的な方針　②その目標　③中心市街地の位置および区域　④土地区画整理事業、市街地再開発事業、道路、公園、駐車場などの公共の用に供する施設の整備、その他市街地の環境改善のための事業に関する事項　⑤商業の活性化のための事業に関する事項（中小小売商業高度化事業を含む）⑥前2号の事業の一体的推進のために必要な事項――など

TMO構想（中小小売商業高度化事業構想） → 基本計画に中小小売商業高度化事業に関する記載のある場合、TMOを担う団体が作成し、市町村が認定する。市町村の認定を得ることから、TMOとなり認定構想推進事業者とも呼ばれる。上記基本計画が上位計画。①特定中心市街地における中小小売商業高度化事業の概要　②その事業を実施することにより期待される効果――を明記すること。

TMO計画（中小小売商業高度化事業計画）

事業実施 → TMO構想に盛り込まれた事業を実施しようとする者が作成し、通産大臣が認定する。（TMOと共同で事業を実施するものは、TMOと共同で作成）。認定の申請は、市町村を経由して行うこととし、市町村は意見をつけて通産大臣へ送付する。①中小小売商業高度化事業の目標および内容　②その事業の実施時期　③その事業を行うのに必要な資金の額とその調整方法――を明記すること。

出所：タウンマネージメント推進協議会ホームページ。

3　中心市街地活性化法にみるまちづくりのコンセプト

　中心市街地活性化法は，従来の流通施策と比べ次のような特徴が指摘できる[30]。第一は，従来の中小小売商や商店街の支援を目的とした施策が，「中小小売商のための商店街活性化」という狭い枠内にとどまりがちであったのに対して，本法は中心市街地を「面」としてとらえるとともに，総合的な視点に立って商店街をはじめとした地域の商業機能を有機的に位置づけ，中心市街地のその他の機能との間に相互補完的あるいは相乗効果のある関係を構築することによって，中心市街地そのものの社会的・経済的な活力を高めることが眼目とされている。

　第二は，一連の施策において支援対象とされているのは，あくまでも社会的機能としての地域商業であり，本法は都市中心部に立地している既存の中小小売商や商店街を丸抱えで支援・保護しようとしていうのではないことである。

　第三には，地方分権の流れを受けて，基礎自治体である市町村が，まちづくりに主体的にイニシアティブを発揮しやすくすることに配慮した制度体系になっていることである。

　そして，本法の実行の中心的主体はTMOであるが，今後のまちづくりには地域の商業者や自治体のみならず，住民や商業者以外の民間企業，NPOなど広範な主体が関係してくる。

第6章　わが国における商業の新展開

[注]

1) 米調査会社eMarketer（2000年3月）による。(財)日本情報処理開発協会編（2002）『情報化白書2002』コンピュータ・エージ社, pp.88-89。
2) 電子商取引推進協議会, 経済産業省, NTTデータ経営研究所（2002年2月）「平成13年度電子商取引に関する市場規模・実態調査」による。(財)日本情報処理開発協会編（2002）『同上書』pp.96-97およびp.370。
3) http://bug.co.jp参照。
4) (財)日本情報処理開発協会編（2002）『前掲書』pp.88-89。
5) 『同上書』pp.94-96およびp.372。
6) 『同上書』p.120（図表3－3－4）。
7) 『同上書』pp.94-96。
8) 中小企業庁小売商業課編（1985）『中小企業庁小売商業の情報化ビジョン』(財)通商産業調査会, p.16。
9) 『同上書』p.12。
10) (社)日本ロジスティクスシステム協会監修北澤博編著（1991）『物流情報システム－高度化の方向と可能性』白桃書房, p.94。
11) NTT出版編（1996）『電子商取引のすべて』NTT出版, p.4。
12) アーサーアンダーセン（2000）『図解eビジネス』東洋経済新報社, pp.18-19。
13) 高橋秀雄（2001）『電子商取引の動向と展望』税務経理協会, pp.19-20。
14) 拙稿（2000）「商学とマーケティング」新茂則・日野隆生・西脇隆二・伊藤友章共著『マーケティング・リテラシー』税務経理協会, pp.151-164。
15) 佐藤俊雄「インターネット時代のマーケティング地理学」日本大学商学部マーケティング研究会編（2001）『マーケティング・ソリューション』白桃書房, pp.17-18。
16) 大西正和・大橋正彦編著（1999）『現代のマーケティング』建帛社, pp.198-200。
17) 高橋秀雄（2001）『前掲書』pp.102-103。
18) 村松潤一「現代流通と情報化」松江宏編著（2001）『現代流通論』同文舘, pp.237-260。城田吉孝「現代流通と情報システム」安部文彦・森泰一郎・岩永忠康編著（1999）『日本の流通システム－構造と問題－』ナカニシヤ出版, pp.106-122。
19) 拙稿「製品情報戦略」大脇錠一・城田吉孝・河邊匡一郎・玉木徹志編（2003）『新マーケティング情報論』ナカニシヤ出版, pp.74-75。
20) 電子商取引・e-コマースの全般, 詳細については以下などを参照。

高橋秀雄（2001）『前掲書』

片方善治（2001）『e-コマースシステム技術体系』フジ・テクノシステム

21) 中心市街地空洞化の現状およびその原因について，日本政策投資銀行は，「日米比較に見るわが国の現状」として述べているが，その中で，わが国では規模の小さい都市ほど空洞化が深刻化している傾向にあると指摘している。日本政策投資銀行（DBJ）編著（2000）『海外の中心市街地活性化－アメリカ・イギリス・ドイツ18都市のケース・スタディ』ジェトロ（日本貿易振興会）pp.15-19。

22) 田中道雄氏は，主体である商業を都市という環境と一体的に把握し，その両者の相互依存のモデルを形成しようと試みる分野を「都市商業論」とし，商店街は，単に商業機能に留まらず，都市や地域の多様な中心地としてとらえ，地域社会における社会基盤的政策（非営利型都市・地域中心施設を含む）と整合的にとらえようとするのが「街づくり」としての動きであると述べている。田中道雄（1995）『商店街経営の研究－潮流・変革・展望－』中央経済社，pp.189-191。

23) 通商産業省政策局中心市街地活性化室（1998）『中心市街地活性化法の解説』（財）通商産業調査会出版部，pp.95-96。

24) 『同上書』pp.65-66。

25) 『同上書』pp.68-69。

26) 『同上書』p.73。

27) 渡辺達朗（2003）『流通政策入門 流通システムの再編と政策展開』中央経済社，p.180。

28) 通商産業省政策局中心市街地活性化室（1998）『前掲書』pp.73-74。

29) 中心市街地活性推進室「http://chusinshigaichi-go.jp/」。

タウンマネージメント推進協議会「http://life-page.co.jp/tmo」。

30) 渡辺達朗（2003）『前掲書』pp.178-179。

索　引

〈あ〉

RFM分析 …………………………138
IMC ………………………………91
アイドマ・モデル ………………90
アウトレット・モール …………16

〈い〉

EANコード ………………………127
EOS ……………………………131,154
ECR ………………………………135
EDI ……………………………134,154
e-マーケットプレイス …………148
委託販売 …………………………11
一貫パレチゼーション …………111
一般貨物自動車運送 ……………104
インキュベータ ……………164,165

〈え〉

AMA ………………………………79
営業権 ……………………………27
営業倉庫 …………………………107
SCM ………………………………115
FSP ………………………………139

〈お〉

OCR方式 …………………………127
オープン価格 ……………………89
オフプライス・ストア …………16
卸売業者 …………………………46
卸売業の概念 ……………………32
卸売業の機能 …………………36,37
卸売業の存在意義 ………………37
卸売業の定義 ……………………31
卸売業の分類 ……………………39
卸売業の用語 ……………………33
卸売市場 …………………………46

卸売商主宰VC ……………………27
卸売商の存立根拠論 ……………37
卸商業団地 ………………………52

〈か〉

回収物流 …………………………100
外装 ………………………………108
開放的チャネル政策 ……………67
価格調整機能 ……………………2
価格の設定方法 …………………88
カテゴリーキラー ………………15
貨物軽自動車運送 ………………104

〈き〉

規模の利益 ………………………25
QR …………………………………135
競争志向 …………………………88
業態転換 …………………………13

〈く〉

車扱い ……………………………103

〈け〉

契約型チェーン …………………23
現金問屋 …………………………51
現金払い持ち帰り制卸 …………51
限定機能卸売業 …………………43
限定サービス ……………………45
限定サービス卸売業者 …………44

〈こ〉

購買代理商 ………………………43
小売業 ……………………………1
小売業の機能 ……………………2
小売主導型流通システム ………73
小売商主宰VC ……………………27
小売店舗の業態 …………………8

173

顧客情報システム	136
顧客の購買決定プロセス	90
顧客分析	138
コスト志向	88
個装	108
コミッション・マーチャント	42,43
コミッション代理商	43
コミュニティ	161,164,165
混載者扱い	103
コンセプト・ショップ	7
コンテナ扱い	103
コンテナリゼーション	111
コンビニエンス・ストア	18
コンビニエンス・ストアの革新性	23

〈さ〉

サードパーティー・ロジスティクス	117
サービス・マーケティング	93
再販売価格維持制度	89
サプライチェーンマネジメント	115
3C	67

〈し〉

C to C	157
C to B	157
CPFR	118
JANコード	125,127
JMA	79
JCA手順	134
JCA-H手順	135
時間的隔たり	98
時間的便宜性	23
時間的便宜性の提供機能	3
自主マーチャンダイジング	11
市場外流通	47
市場浸透価格	88
資本財卸売業	43
社会的隔たり	98
社内物流（生産物流）	99
集荷業者	47

収集卸売商	39
出荷団体	47
需要志向	88
商社	50
上層吸収価格	88
消費財卸売業	43
商品取引所の意義	52
商品取引所の社会経済的機能	54
商品取引所の特徴	53
情報システム化	123,125
情報提供機能	2
情報ネットワーク化	123,131
静脈物流	100
ショッピング・センター	24
新・専門店	8
新製品開発プロセス	87
新製品の価格設定	88

〈す〉

垂直的チャネル	69
スーパーセンター	15
スーパーマーケット（食品スーパー）	12
ストアコントローラー	128

〈せ〉

生産財卸売業	43
生産志向	80
成熟消費社会	5
製造卸	51
製品コンセプト	86
セグメンテーション基準	82
せり代理商	43
せり売買	48
全国卸売商	41
選択的チャネル政策	67
専門化業態	6
専門ディスカウント・ストア	15
専門店	8
専門店チェーン	6,8

〈そ〉
総合商社の特徴……………………50
総合スーパー………………………13
総合ディスカウント・ストア………15
ソーシャル・マーケティング………93
損益分岐点計算による価格設定……89

〈た〉
第一次卸………………………………41
大規模小売店舗法……………………5
第三セクター公益法人………………166
第三セクター特定会社………………166
大衆消費社会…………………………5
第二次卸………………………………41
第二次百貨店法………………………4
代理商…………………………………44
代理店と中立商………………………45
棚割管理システム……………………142

〈ち〉
地域卸売商……………………………41
チェーン・オペレーション…………74
チェーン・ストア……………………25
地方卸売市場…………………………48
地方卸売商……………………………41
チャネル・キャプテン………………69
チャネル政策…………………………67
中央卸売市場…………………………46
中央統制………………………………27
中小小売商業高度化事業
　　　　　　　………………163,167,169
調達物流………………………………99
直接チャネル政策……………………67

〈て〉
低コスト・オペレーション…………74
ディスカウント・ストア……………15
ディベロッパー………………………24
電子商取引化率………………………149

伝統的なチャネル……………………69

〈と〉
特定貨物自動車運送…………………104
特約チャネル政策……………………67
特約店…………………………………48
独立店舗経営…………………………25
都市型新事業…………159,162,163,164
ドラッグ・ストア……………………23
取引総数最小化の原理………………37

〈な〉
内装……………………………………108
仲卸業者………………………………46
仲立商…………………………………44
仲継卸売商……………………………39
ナショナル・ブランド（NB）……88

〈に〉
ニーズ別ヨコ割りシステム…………73
荷役………………………………107,112

〈は〉
バーコード方式………………………127
バーチャル・ショップ………155,156
バーチャル・モール…………155,156
廃棄物流………………………………100
配送……………………………………101
売買参加者……………………………46
派遣店員………………………………11
場所的隔たり…………………………98
パワーセンター………………………16
範囲の利益……………………………25
販売会社………………………………49
販売志向………………………………80
販売代理商……………………………43
販売代理店……………………………50
販売とマーケティングの違い………80
販売物流………………………………100

175

〈ひ〉

B to C ……147,150,154,156,157,158
B to B ……147,148,149,154,157,158
ピギーバック………………………110
百貨店…………………………………9
標準ビジネス・プロトコル………134

〈ふ〉

ＶＡＮ…………………………………153
不確実性プールの原理……………38
複合一貫輸送………………………110
複数店舗経営…………………………25
プッシュ戦略とプル戦略…………90
物的流通………………………………97
物流……………………………………97
物流情報…………………………109,113
プライス・ルックアップ…………127
プライベート・ブランド（ＰＢ）…88
フランチャイザー……………………27
フランチャイジー……………………27
フランチャイズ・チェーン………27
ブランド………………………………88
ブランド・エクイティ……………88
フル・サービス………………………45
フル・サービス卸売業者…………44
フレートライナー…………………110
ブローカー……………………………43
プロダクト・ライフサイクル……82
プロモーション・ミックス………89
分散卸売商……………………………39

〈へ〉

便宜性…………………………………23

〈ほ〉

ポイントカードシステム…………137
包装…………………………107,108,112
ホーム・センター……………………24
ホールセール・クラブ……………16

保管………………………………106,111
ＰＯＳシステム………23,125,130,158
ＰＯＳスキャナー…………………127
ＰＯＳターミナル…………………127
ＰＯＳデータ………………………130
ボランタリー・チェーン…………26

〈ま〉

マーケット・イン……………………80
マーケティング・コンセプト……79
マーケティング・ミックス………82
マーケティング志向…………………80
マーケティング戦略…………………78
マーケティング戦略のフレームワーク
　………………………………………82
マーケティングの諸アプローチ……81
マーチャンダイジング機能…………2
マーチャント・ホールセラー……42
マーチャント・ホールセリング…45
マネジリアル・アプローチ………81

〈め〉

メーカー希望小売価格………………89
メーカー主導型流通システム……72
メーカー代理商………………………43

〈も〉

モーダルシフト……………………111

〈ゆ〉

輸出入代理商…………………………43
輸送……………………………101,110
ユニットロードシステム…………111

〈ら〉

ライフスタイル・ショップ…………7

〈り〉

立地と施設の提供機能………………2
リテイルサポート…………………141

流通革命……………………5
流通加工………………108,112
流通機能……………………63
流通系列化…………………72
流通情報化…………………121
流通情報システム…………121
流通チャネルの長さ………91
流通チャネルの幅…………91
流通チャネルの構築………67
リレーションシップ・マーケティン
　グ…………………………93

〈ろ〉

ロイヤリティ………………27
ロジスティクス…………113,114

〈わ〉

ワン・ストップ・ショッピング……24

執筆者一覧 （執筆順，※は編者）

※ 西田　安慶（にしだ　やすよし）　　　　　　　　　担当：第1章
東海学園大学経営学部・大学院経営学研究科教授
愛知産業大学経営学部，近畿大学通信教育部非常勤講師
滋賀大学経済学部卒業
専　　攻：商学，マーケティング論，消費者教育
主　　著：『現代マーケティング論（増補版）』（単著）弘文社，1998年
　　　　　『現代日本の産業別マーケティング』（共著）ナカニシヤ出版，1994年
学会活動：日本消費者教育学会常任理事
　　　　　日本消費経済学会理事
　　　　　日本学術会議商学研究連絡委員会委員
社会活動：名古屋市消費生活審議会委員
　　　　　名古屋市中央卸売市場運営協議会委員

※ 城田　吉孝（しろた　よしたか）　　　　　　　　　担当：第2章
名古屋文理大学情報文化学部教授
愛知学院大学商学部非常勤講師
愛知学院大学大学院商学研究科博士課程単位取得
専　　攻：マーケティング論，流通論
主　　著：『新マーケティング情報論』（編著）ナカニシヤ出版，2003年
　　　　　『マーケティング―産業別アプローチ―』（共著）ナカニシヤ出版，2000年
学会活動：日本商業学会中部部会幹事
　　　　　日本広告学会研究プロジェクト委員
　　　　　日本消費者教育学会中部支部常任委員
社会活動：愛知県祖父江町商工会まちづくり委員会委員長

片山　富弘（かたやま　とみひろ）　　　　　　担当：第3章
中村学園大学流通科学部専任講師
慶応義塾大学大学院経営管理研究科修了（ＭＢＡ）
横浜市立大学大学院経済学研究科修了
　専　　攻：マーケティング・マネジメント論
　主　　著：『マネジリアル・マーケティングの考え方と実際』（単著）五絃
　　　　　　舎，2003年
　学会活動：日本消費経済学会評議員
　　　　　　日本産業科学学会理事
　社会活動：ＮＰＯ法人九州総合研究所理事

伊藤万知子（いとう　まちこ）　　　　　　　　担当：第4章
愛知産業大学経営学部専任講師
愛知学院大学大学院商学研究科博士後期課程単位取得
　専　　攻：マーケティング論，商学，消費者行動論
　主　　著：『マーケティング―産業別アプローチ―』（共著）ナカニシヤ出
　　　　　　版，2000年

西脇　隆二（にしわき　りゅうじ）　　　　　　担当：第5章
北星学園大学経済学部助教授
拓殖大学大学院商学研究科博士後期課程単位取得満期退学
　専　　攻：商学，マーケティング論，消費者行動論
　主　　著：『マーケティング・リテラシー』（共著）税務経理協会，2000年

日野　隆生（ひの　たかお）　　　　　　　　　担当：第6章
函館大学商学部専任講師
日本大学大学院経済学研究科博士前期課程修了
　専　　攻：マーケティング論，商学総論
　主　　著：『マーケティング・リテラシー』（共著）税務経理協会，2000年
　　　　　　『新マーケティング情報論』（共著）ナカニシヤ出版，2003年
　　　　　　『営業・マーケティングキャリア用語辞典』（分担執筆）税務経
　　　　　　理協会，1997年

編著者との契約により検印省略

平成15年10月15日　初版第1刷発行

現代商学
商業・流通の課題と戦略

編 著 者	西　田　安　慶	
	城　田　吉　孝	
発 行 者	大　坪　嘉　春	
整 版 所	株式会社　東　美	
印 刷 所	税経印刷株式会社	
製 本 所	株式会社三森製本所	

発 行 所　東京都新宿区下落合2丁目5番13号　株式会社 税務経理協会

郵便番号　161-0033　振替 00190-2-187408　電話(03)3953-3301(大 代 表)
　　　　　　　　　　FAX(03)3565-3391　　　　(03)3953-3325(営業代表)
URL　http://www.zeikei.co.jp/
乱丁・落丁の場合はお取替えいたします。

© 西田安慶・城田吉孝　2003　　　Printed in Japan

本書の内容の一部又は全部を無断で複写複製（コピー）することは，法律で認められた場合を除き，著者及び出版社の権利侵害となりますので，コピーの必要がある場合は，予め当社あて許諾を求めて下さい。

ISBN4－419－04295－8　C1063